学級を最高のチームにする！
365日の集団づくり 高校

赤坂 真二 編著　片桐 史裕 著

明治図書

シリーズ発刊に寄せて

　「中学校や高等学校の学級経営に関わる書籍がない」という声を数多く聞きます。そのような現状の中で，まず，「学級を最高のチームにする！365日の集団づくり」の中学校編・高校編が刊行されたことを心から嬉しく思います。

　中学校や高校の学級経営，とりわけ，学級集団づくりがとても重要な状況になりました。私は，全国の学校に招聘されて校内研修に出かけていますが，少し前までは，依頼主は小学校が中心でした。しかし，近年は中学校が増えてきましたが，最近では高校からご依頼をいただくようになりました。

　その背景にあるのが，学習指導要領改訂の動きの中で，俄に注目を浴びるようになったアクティブ・ラーニングです。交流型の学習を進める上で，学級集団づくりは不可欠であることに気付いた学校が増えてきたのでしょう。一方で，そうした「これからの備え」ということだけではない本音が見えるご依頼もあります。

　校区内の小学校が，この学力向上ブームの中で，授業改善に熱心に取り組むのはいいのですが，その基盤となる学級集団を育てないために，学級崩壊を繰り返しているというのです。その荒れが回復しないままに，中学校に進学してくるので，集団生活を送ることができるよう，基礎的な部分から指導をしなくてはならないといった切実な事情もあるようです。小学校のときは，教師の目の届く範囲内で，それなりにやっていた子どもたちが，中学校，高校という教科担任制のシステムで，うまく適応しない事例が少なからず起こっているのでしょう。小学校が授業づくり（学力向上）に熱心に取り組む一方で，集団として訓練や社会性が未発達のまま，次の学校段階に送り込まれ，中学校や高校が社会性の育成をやり直さなくてはならないのは何とも奇妙な話です。

　いずれにせよ，学級経営の重要性は高まっているようです。平成28年12月

21日に示された，「幼稚園，小学校，中学校，高等学校及び特別支援学校の学習指導要領等の改善及び必要な方策等について（答申）」（中央教育審議会）（以下，「答申」）でも，学級経営の充実について述べられています。これまでの指導要領でもこのことについて触れられていました。しかし，今回は次のように，「これまで総則においては、小学校においてのみ学級経営の充実が位置付けられ、中学校、高等学校においては位置付けられてこなかった」ことを指摘し，「総則においても、小・中・高等学校を通じた学級・ホームルーム経営の充実を図り、子供の学習活動や学校生活の基盤としての学級という場を豊かなものとしていくことが重要である」と小，中，高と，一貫して学級経営をしっかりやっていこうとはっきり言っています。

しかし，アクティブ・ラーニングだけに注目すると，改訂の趣旨を見落としてしまうのではないでしょうか。アクティブ・ラーニングを理解するには，その背景から理解しておくことが必要です。図１は，先述の「答申」を受け

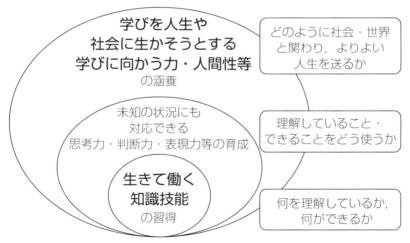

幼稚園，小学校，中学校，高等学校及び特別支援学校の学習指導要領等の改善及び必要な方策等について（答申）
平成28年12月21日（水）中央教育審議会

図１　次期指導要領における学力観（筆者作成）

て，私が作成したものです。

「答申」では，「子供たちの現状と課題」において，「学ぶことと自分の人生や社会とのつながりを実感しながら，自らの能力を引き出し，学習したことを活用して，生活や社会の中で出会う課題の解決に主体的に生かしていくという面から見た学力には，課題がある」と指摘しています。これまで，わが国の子どもたちは，国際学力調査では高いスコアを獲得してきました。しかし，それは，テストの点を取ることに長けていても，世の中に貢献するような力（実力）はつけてこなかったということです。

> 学力は高いが実力はない

という判断です。「知識技能」は，生きて働くものであり，「思考力・判断

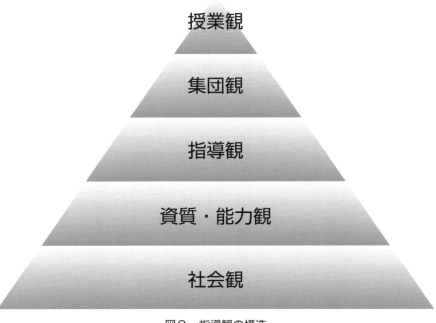

図2　指導観の構造

力・表現力等」は，未知の状況にも対応できるものであり，それらは，「学びに向かう力・人間性等」の涵養に向かっていくべきものなのです。

　こうした力をつけるときに，クラスメートの後ろ頭を見つめながら，一部の子どもたちの意見を黙って聞きながら，ひたすら黒板を写すような授業を繰り返していて大丈夫なのかと問いかけているのがアクティブ・ラーニングの視点による授業改善なのです。教師の考え方「観」の構造を図2のように示すと，これから社会構造が変わり，社会のあり方が変わります。すると，求められる能力・資質も変わります。すると，それを身につける指導のあり方も，集団のあり方も変わります。したがって，授業も変わらざるを得ないということです。

　子どもたちの「学びの場としての学級のあり方」が新たに問われているのです。このような状況の中で，職員室が世代交代を迎えています。指導層となるベテランの大量退職が進んでいます。私たちの時代は，困ったら気軽に先輩に聞くことができました。しかし，今はそれが難しくなっています。

　ならば，教員養成の段階で何とかしなくてはと思いますが，残念ながら，現在の教員養成のプログラムにおいて，学級づくりに関する内容は標準装備されていません。普通に教員免許をとるだけでは，学級づくりを学ぶことができないのです。つまり，多くの新採用の先生方が，学級づくりにおいて丸腰の状態で現場に放り出されるような状態が続いています。そうした危機感を背景に誕生したのが本シリーズです。

　本シリーズでは，高い機能をもつ学級集団の姿として「チーム」を構想しました。チームとは「一人では解決できない課題を，良好な関係性を築きながら解決する集団」です。アクティブ・ラーニングの本質をズバリと突いていると思います。そして，各学年の執筆者たちが「チーム」に向かう道筋を，中学校編は，学年別に1年間，高校編は3年間まるごと紹介しました。

　本シリーズを執筆したのは，次の4人です。

　中学校編の1年生は，岡田敏哉氏です。岡田氏は，英語教師，また柔道部一筋18年の中堅です。地域で，教科指導でも部活指導者でも期待を集める教

師です。近年は，ベテランと若手をつなぐミドルリーダーとしても活躍し，信頼を集めています。教科指導，部活指導，若手育成そして仕事術，すべてを高い水準でクリアする教師です。

　２年生の久下亘氏は，国語教師でありソフトボール部顧問です。久下氏は小学校教師の経験があり，小中（小８年，中５年）を通じて学級集団を自治的集団に育てることに尽力してきました。協同学習を学び，生徒が交流しながら学び合う授業づくりに早くから取り組んできました。フットワークの軽さで，各地の研修会に参加し全国の実力者と交流しながら，貪欲に学んできました。

　３年生の海見純氏は，国語教師でありソフトテニス部顧問です。海見氏は，学年主任として，若手が増加する地元で教育委員会公認の「達人教師」として示範授業などを行っています。若い頃から地元の仲間とサークルにおいて自らを磨くとともに，若手育成にも尽力してきました。何事も率先垂範で尊敬を集める20年目のベテランです。

　また，高校編の片桐史裕氏は，27年の高校勤務（国語）を経て，現在は，教職大学院で教員養成に関わっています。高校勤務時から，全国規模のサークルや学会に所属し，講座をしたり発表をしたりして，研究的視点で実践を磨き上げてきました。特に群読の講座は，参加者が楽しく学びながら一体感も感じるととても好評です。

　４人に共通していることは，
　　① 教科指導の高い実践力をもっていること
　　② 若手指導を育てる力をもっていること
　　③ 職場で信頼されていること
です。信頼を集める教科指導のプロだからこそ，彼らが語る学級集団づくりに説得力があるのです。１年間の実践を公開できること（高校編は３年間），それが即ち，彼らの「実力の証明」です。どうぞ渾身の作をお手に取ってご堪能ください。

　　　　　　　　　　　　　　　　　　　　　　　　　　赤坂　真二

シリーズの読み方

　本書の構成は画期的です。高校「3年間」の実践が1冊に凝縮されています。つまり，本書を読めば，入学から卒業までの学級担任のなすべきことを見通すことができます。

　第1章は，高校卒業時のゴール像から始まります。著者も本編で述べていますが，高校の先生も教科指導だけやっていればいい時代ではなくなりました。高校は，激変する社会への出口として，「生きる力」を育てるための最後のチャンスです。

> **結果の質を決めるのは，目的の質**

です。目をつぶってボールを投げて，的に当たるわけがありません。目的地を決めないで取りあえず出かけて，うまくどこかにたどり着いたとしても，それは，「誤った場所」に「順調に」到着しただけです。まずは，ゴールイメージをよくお読みください。また，そのゴールイメージをもつに至った根拠となる基本的な考え方も示されています。考え方の違いはちょっとしたものかもしれません。しかし，スタート時は僅差でも，ゴール地点では大差になっていることがあります。

　第2章以降は，理想を実現するための各学年の取り組みを1学期から時系列を追って示してあります。いつ読み始めて，いつ実践し始めていただいても必要な情報を得ることができると思いますが，第1章は必ずお読みください。目的に向かって各実践が配列されています。

　学級づくりはロングランの営みです。継続的に取り組むことが大事です。そこで，取り組みが順調であるかを診断するために，最終章に学級集団づくりのチェックポイントを挙げました。定期的に学級づくりを点検してみて下さい。

赤坂　真二

☆まえがき

　私は1989年（平成元年）に新潟県高等学校教諭に採用され，2015年度まで27年間高校国語教員として働いてきました。新潟県はとても広いです。新潟県の東端を東京都の中心部に合わせると，西端はなんと，愛知県名古屋市の西までかかってしまいます。東京と愛知の文化はかなり違います。新潟県も地域によって風土，文化が全く違います。そんな新潟県のいろんな地域の高校6校を勤務した中には，山間部の雪深い地域の学校や都市部の学校もありました。普通高校や実業高校でも勤めました。さまざまなタイプの生徒たちの担任をしました。ほとんどの生徒たちが大学進学を目指しているクラスも担任しましたし，どんどん退学して最終的に25人になってしまったクラスも担任しました。生徒指導面で手のかからなかったクラスもありますし，問題行動による指導のために家庭訪問を毎月していたクラスもありました。

　それでも，すべての生徒たちに共通していることがあります。どの地域の，どの学校の，どの生徒たちも，「学びたがっている，今よりもよくなりたがっている，今よりも大人になりたがっている」ということです。

　小学校や中学校の先生と話をしていると，「高校の生徒は受けもてない」と言う方がいます。もちろん逆に高校の先生で，「小学校では教えられない」と言う人もいます。きっと自分が受けもっている以外の子どもたちの雰囲気が想像つかないから，そのように考えるのだと思いますし，そう考えてしまうのはわかります。しかし，先ほど書いたように，どんな子どもたちも学びたがっているし，今よりよくなりたがっているし，大人になりたがっていると思います。だから，そうなりたがっている気持ちに刺激を与えることで，学びは成立していくのだと思っています。この本は，私の高校教師としての経験をもとに書いたものですが，学級づくりや授業づくりで小学校，中学校の実践をとても参考にしました。小学校，中学校のやり方が高校でもぴったり当てはまるのです。子どもたちを大人にしていくアプローチは小，中，高

で共通している部分がとても多いと思います。もし，小学校，中学校の先生がこの本を読んだとしても，十分活用できる部分があると思っています。

　2016年に縁あって上越教育大学教職大学院に准教授として勤務することになり，高校現場から離れました。学校現場から離れたからこそ書けることもあります。今まで自分がやってきて「おかしいな」と思った進路指導や生徒指導があります。学校現場にいると「当たり前」としてまかり通ってきた「常識」が，現場から一歩離れると「やっぱりおかしい」ということに気付きます。そんな「非常識」がはびこって，「今までやっていたから」ということで続いている指導がたくさんあります。本当にそれは生徒たちのためになっているのか，ということを考えて，生徒たちのためにならないことでしたらやめていかなければなりません。そんな提案も書いています。

　27年間高校教師をやっていて，時代の変化を感じます。初任の頃の私は大量採用に乗じて就職できたようなものなので，ちゃらんぽらんで，教育の理想などもなく，教育を取り巻く環境もおおらかな部分があったので，何とか続けてこられました。しかし現在，教育環境は教師にも子どもたちにもどんどん厳しくなってきています。勤めている若い教師はとても真面目な方が多く，ちょっとでも気を許すと気持ちが折れてしまいそうな人がいます。そんな先生に，「もうちょっと力を抜いて，周りを頼っていいんですよ」ということを伝えたい気持ちでこの本を書きました。「大人になる」というのは，何でもかんでも自分だけでやれるようになることではなく，必要なときに適切な人にお願いして，助けを得られる力を得ることです。それを教師ができなければ，生徒たちに大人になる術を伝えることができません。ですからどんどん周りに頼って下さい。場合によっては生徒に頼って，任せて下さい。ただし，頼れる相手を選ぶ眼力が必要です。誰にでも頼っていいわけではありません。頼られると嬉しくなる種類の人間が皆さんの周りに必ずいます。自分も楽になり，頼られた人も嬉しくなる。WIN-WIN の関係です。少し楽になるためには，周りの観察が重要です。そんなことも書きました。

片桐　史裕

シリーズ発刊に寄せて
シリーズの読み方
まえがき

第1章　高校卒業時のゴール像（卒業時の姿）

☆　「将来の社会を任せたい自立した立派な市民」 ―14
　1　自分の高校時代と違っている目の前の高校生 ―14
　2　学校で人間関係づくりを学べる最後の機会 ―16
　3　もってほしい意識 ―17
　4　社会に出て役に立つ力 ―21

第2章　1年生　新しい環境に安心させる

1　1学期（含む夏休み） ―24
　1　教室づくり ―24
　2　仕事づくりで関係づくり ―28
　3　クラス目標　それぞれの力がみんなの力に ―38
　4　初めての面談〜いつでもどこでも誰とでも〜 ―41
　5　勉強の仕方の「先輩」になる〜中間考査〜 ―42
　6　初めての体育祭（または文化祭） ―47
　7　登校できない ―51
　8　義務教育ではない「高校」という学校 ―55
　9　厳しい現実〜期末考査〜部活動と勉強の両立 ―58
　10　生徒の別の顔を見る〜夏休み〜 ―62
2　2学期（含む冬休み） ―64
　1　始業式〜夏休みの成長や変化を見逃さない〜 ―64
　2　教科担任との調整 ―68

  3　他の教師に割り振る　—71
  4　2年次からのコース，選択科目選択決定時期　—72
  5　2学期期末考査　—74
  6　冬休み　—75
 3　3学期（含む春休み）　—76
  1　1年生のゴールに向けて，成長を実感させる（勉強，進路，仕事）　—76
  2　クラス替えの準備　生徒同士の人間関係を見取る　—78
  3　進級に向けての追い込み　さまざまな人と連携して居残り補習　—79
  4　通知表　—80
  5　進級式　—82

第3章　2年生　中だるみをどう乗り切るか

 1　1学期　—84
  1　目標：結果の責任は自分でとる　—84
  2　仕事づくりで関係づくり　—89
  3　早期に面談開始〜不登校が一番多くなる時期〜　—90
  4　問題が起こったら　—92
  5　学級PTA　—99
  6　進路を見据えた活動（進路決定まであと約1年）　—100
 2　2学期　—103
  1　修学旅行　—103
  2　進路決定に向けた面談　—107
  3　文化祭〜仲間との協力でつくり上げる最後の文化祭〜　—112
  4　中だるみ時期の対策　—114
 3　3学期　—117
  1　1年間の成長を実感させる　—117
  2　3年につなぐ　—120

第4章 3年生　最終学年での総仕上げ

1　1学期　―121
　1　クラス開き　―121
　2　勉強に集中するために，その他をやり切る時期　―123
　3　体育祭　いろんな仕事のリーダーとなる　―124
　4　切り替え宣言　―126
　5　進路決定相談　―127

2　2学期　―129
　1　みんなで進路実現　―129
　2　生徒による模擬面接　―131
　3　クラス内のぎくしゃく感　―132
　4　進路が決まる生徒が出たときのクラス対応　―133
　5　クラスみんながそろうのはもうあまりない　―134

3　3学期　―135
　1　センター試験に送り出す会　―135
　2　学校，学年の方針と担任の方針の整合性について　―136
　3　卒業式　保護者への感謝の機会を設ける　―138
　4　卒業後「そこにいる」ということ　―139

第5章 私の仕事術　細かいところに目が届く　私のこだわり仕事術

1　清掃の仕方の指導　―140
2　席替え　―146
3　挨拶　―146
4　保護者との面談・連絡　―148

第6章 学級集団づくり20ポイントチェック
～集団を育てるための定期点検リスト～

1 学級集団づくりにも定期点検を —150
2 学級集団づくりチェックリスト —151
3 いつも自分のあり方を見つめながら学級を見る —161

あとがき

第1章 高校卒業時のゴール像（卒業時の姿）

これを読んでいるみなさんの高校時代と，今目の前にいる高校生では，育ってきた環境，これから迎える将来ががらりと変わっています。これまでの感覚を捨て去り，目の前の高校生たちを，将来のこの社会を託せる大人に育てるために，担任業をやっていきましょう。

「将来の社会を任せたい自立した立派な市民」

1 自分の高校時代と違っている目の前の高校生

　高校は教科指導だけしていればよい，学級づくりは生徒たちだけに任せておいて，担任は勉強だけをがんばらせ，高校卒業時の進路希望が叶えられればよい。という時代はとうに過ぎ去りました。今まで学級づくりが意識されていなかった学級で，高校時代を過ごした人たちが教師になっています。自分の高校時代のことを思い出して，「高校のクラスなんて生徒に任せて放置していても大丈夫」，「学級づくりなんて，小学校や中学校でやるもんで，大人になった高校生には必要ない」と思って学級担任になったらさあ大変。皆さんの高校時代とは全く違う学級が目の前にあり，不登校，いじめ，学力不振，コミュニケーション障害などの問題が湧いてきます。小学校，中学校で話題になっていることが，実は高校でも当たり前のようにあるのです。

　その原因として，時代とともに，社会の変化とともに子どもたちが変化していることが挙げられます。われわれが高校生のときにまかり通ったことが，通らなくなっているのが事実です。柏木恵子さんらは，40歳235人と60歳248人の母親経験をもつ女性の意識を調査した結果，若いほうの世代で「子ども

の価値」として「社会的価値」が後退し，自分自身のため，自分たち夫婦の状況のために価値があるとする特徴があると述べています[1]。自分のために子どもを育てようという意識が強いのであれば，自分のため（もしくは親のため）に振る舞う子どもも増えて当然です。時代とともにこのように変化していくのですから，今と以前ではクラスの雰囲気が変化して当然でしょう。

　ある高校の校長先生はこう言いました。「人間関係づくりなんて，大学に入らせてしまって，その後に大学でやってもらえばいい」と。人間関係づくりに割く時間があったら，勉強をやらせろと言うのです。さて，大学でそんなに人間関係づくりをしているのかと言いますと，そうではありません。大学の場合は，同じ興味関心をもった人たちが集まる同質の集団が多く，その集団規模も高校に比べて大きくありません。高校は多すぎもせず，少なすぎもしない40人前後の適度な人数のメンバーと教室で顔を合わせて，多様な人間が集まり，その人たちと一緒に勉強をして，学校行事もあります。ここで人間関係を学ばなくて，いつ学べるんでしょう？高校までのクラス制度は人間関係づくりに最適な環境です。

　私は2016年度から27年間勤めた公立高等学校の職から上越教育大学教職大学院に勤め始めました。大学の授業では1年間を通してほぼ同じメンバーで，高校のクラスぐらいのあるまとまった人数で人間関係づくりをする機会なんてほとんどなく，それをするのはかなり難しいと大学に勤め始めてわかってきました（難しいですが，やらねばならないことだとも思っています）。大学でいつも顔を合わせるゼミの人数は，高校のクラスのように40人にはほど遠く，平均的には10名前後ですし，授業での集団も前期，後期でメンバーが替わってしまいます。「大学で人間関係づくりを学べばいい」と言っていた校長先生は大学の実情を全く知らず，問題の先送りをしていただけだということになります。

 高校が学校で人間関係づくりを学べる最後の機会

2 学校で人間関係づくりを学べる最後の機会

　ということは，高校生活が人間関係づくりを学べる最後の機会になります。いえ，人間関係づくりは，高校を卒業して社会に出てからももちろん学べるのですが，社会に出てからは「失敗」があまり許されない環境になります。高校までは，失敗してもその間を取りもってくれる担任がいます。もし気まずかったらクラス替えの可能性があります。やり直しが利くのです。しかし，社会に出ると簡単に会社の異動はできませんし，転職も勇気がいります。住んでいる隣人とうまくいかないからといって，マンションや家を購入していたとしたら引っ越しも簡単にできません。アパートを借りていたとしても，引っ越しにはかなりのお金がかかります。

　身を置いている組織，団体，地域においてすべての人と仲よくならなくても，気にくわない人がいても，何とか折り合いをつけて，うまくやっていくということも学ばなければなりません。また，仕事をする上や，地域の保全をしていく上で，チームを組んで活動するということが求められている社会です。そこでうまくやるために人間関係づくりを学校で学ばなければならないはずです。

　私は子どもたちにチームを組んで活動し，組織でうまくやっていくように育ってもらって，われわれの社会の将来や，われわれの子どもの生活を任せられる立派な市民になってもらいたいのです。高校を出たらすぐに就職する生徒もいます。ですから，高校は失敗しながらよりよい人間関係をつくっていく最後の機会だと思って，そしてわれわれ大人がつくってきた社会を次の世代に任すという，バトンを渡す相手を育てる最後の機会だと思って，高校教師は担任をしていきましょう。

　「将来の社会を任せたい自立した立派な市民」になってもらうため，もってほしい意識や，身につけてほしい力は次に示すことです。

3 もってほしい意識

(1) 「世界」とつながっている

　自分たちが今行っていることは，自分だけ，または自分の学校だけで完結するものではなく，自分たちの周りの世界につながっているということを意識してほしいのです。自分が成長することで，どれだけの自分の周りの人を助けることができるのか，気付かず他の人の力になれているのかということを意識して生きていけるようになってほしいのです。

　ですから，学校の勉強は自分の成績や自分の進路や自分の生活のためにだけするのではなく，

> あなたが今している勉強が将来，見ず知らずの周りの誰かを助ける力になる

という気持ちをもってもらいたいのです。勉強は自分のテストの点数を上げるため，入学試験をパスするためだけに行うのではなく，将来あなたが就職し，社会に貢献するときに，広い視野をもって物事を見られるようになるためにしているということをわからせたいです。

　例えば，数学の難解な数式を解く公式は実社会で使ったか？とか，難解な古文単語は日常生活で使ったか？ということをあげつらって，今やっている勉強そのものには意味がないと言う人がいますが，勉強で得た知識には意味がなかったとしても，それを理解しようとした努力，その知識を適応して問題に当たった思考回路は，必ずその人にとって意味が生まれてきます。

　このようなことを理解すれば，「テストに出ないからこの勉強はしなくてもいい」，「受験に関係ないから，この教科はおろそかにしていい」という考え方はなくなるはずです。「将来の社会を任せたい自立した立派な市民」になってもらうために，「あなたが今学ぶことは世界につながっているんだ」という意識をもたせたいです。

(2) 意味は自分で見つける

　先ほどの「世界とつながっている」ということは，目の前にある自分のすることに対する「意味付け」です。このような意味付けは，他人から聞かされてはっと気付くことが多いですが，このような意味付けを自らできるようになってほしいのです。

　世の中に意味がないことはないと思います。意味があるから世の中に存在します。子どもたちは簡単に「意味がない」，「意味がわからない」と言って目の前にあることを無視したり，やらなくてもいいようにしたりと，楽なほうに流れることがあります。

　または，「先生，これって何でやらなければならないのですか？」と聞いてきます。初めて出会ったことに対して疑問をもつことはあってもいいのですが，高校卒業後大人になって，いつもそれに答えてくれる「先生」はいなくなります。就職して，上司に指示されたことすべてに対して「これって意味があるんですか？」といちいち質問していたら，仕事は回ってこなくなってしまいます。

　自分で意味を見つけられるようになることによって，自分の中で納得が生まれます。納得が生まれると意欲が生まれます。いちいち意味を他人から教えられなければわからないようだったら，意欲が生まれることも希になってしまいます。

 意味のないものは世の中に存在しないから，その意味を自分で探ろう

　実際問題，上司に何かを指示されて，「何でこんなことをしなければならないのか」と思いながらしているときと，「意味はわからないけれど，きっと何か意味があるんだろう」と思いながらしているときでは，必ず仕事効率や結果に影響があるはずです。

　「意味は自分で見つける」ということに関して，こんなエピソードがあります。私は高校教師時代，国語の担当でした。約10年前，学力がそれほど高くない高校に勤めていました。課題で文章を書かせると長い文章は書けず，

文章はひらがなばかりで，文字も薄く，ひらがなも日本の文字ではないようなものを書く生徒がたくさんいました。だから授業中，辞書を手元に置かせて提出課題には必ず常用漢字を書かせるようにし，授業の開始10分間，読書を行い，提出課題はボールペンで濃く書くように義務づけました。1年間を通してこれを徹底し，1年の終わりに「国語の授業で生きる上で役に立つと学んだこと」という題で作文を書いてもらいました。ある生徒の作文を紹介します。

> （国語の授業で「生きる上で役に立つ」と考えたことを説明します。まずは）常用漢字の練習についてです。僕は小さい頃から全く漢字を勉強してきませんでした。漢字練習もだらだら，ただノートに書くだけでした。しかし現代文の授業で常用漢字を書くようになり，少しずつではありますが漢字を書くようになりました。他のノートにも漢字が多くなってきたのもよくわかるようになりました。漢字の話にも関係してくるのですが，現代文の授業の始めの「読書」もそうです。漢字が嫌いなので，本も，難しい漢字が出てくるとその場面の感じから読み取ったり，読むのをやめてしまいます。しかし漢字を練習してから本をスムースに読めるようになりました。しかも，本は漢字だけでなく「文章を読み取る力」も備わっています。今までマンガ本しか読んだことのない僕が，本を楽しく読もうというのは「生きる上で役に立つ」ことです。
> 　今度は，文章を読み取る力がつくと文章を「書く力」もついてきます。本を読み，ある程度の構造がわかると，あとは基本的なことがわかれば作文が書けるようになりました。まだ完全とはいきませんが少しずつ僕の文章力は上がっています。
> 　文章が書けるようになると，今度は人に見せてわかるようにしないといけません。作文なので人に見せなくてはならないと思っています。そこで現代文ならではの「ボールペン」です。僕はボールペンが苦手であまり使ったことがありませんでした。字はすぐに消せないし大変だから

> です。でも将来どこかの会社と何かするときはすべてボールペンでやるので、今のうちにボールペンで書くということはとても大事なことです。そうすると自然にきれいな字で書くという意識が出てきて、相手にもわかりやすく、自分もわかりやすい文章ができるようになりました。僕は今この作文を書いていて、すべてつながっているのだと思いました。漢字を練習して書けるようになったら本を読み、本を読んだら文章を書いて、文章を書いたら文章をさらに読みやすいようにする。この１つ１つが僕にとってとても大事なものだと思っています。どれか１つが欠けてもいけません。この作文に書いた文章すべてが僕にとって「生きる上で役に立つ」ことだと思っています。

　辞書を引くこと、読書をすること、ボールペンで書くことのそれぞれの意味について授業中に説明したことはあります。何のためにそのようなことが必要なのかを何度も繰り返し説明し、指示し、生徒たちはしっかりと行いました。しかし、この作文に書かれたように、この３つのことをつなげて考えたことは私は一度もありませんでした。作文を書いてくれた生徒は、３つのつながりの意味を考え、自分で考えたことですから、これらの活動を有意義に感じてくれたのだと思います。
　私が行った教育活動の意味を生徒から教わったという貴重な、大切な、素敵な経験でした。
　教師は生徒に意味を与えるだけではなく、意味を教えてもらえるというすばらしい職業だと思いました。

4 社会に出て役に立つ力

「社会に出て役に立つ力」を3つ挙げます。これらの力を学校の教育活動でつけさせたいです。高校時代に完璧につけさせられなくても、「これらの力が必要なんだ、まだまだ学ぶ必要がある」と思ってもらいたいです。

(1) 人に頼る力

教師や保護者はよく「何でも自分だけでできるようになりなさい」と言います。特に教師は授業中、学習課題に取り組ませるときに、「周りと相談しないで自分だけで問題を考えなさい」と言います。もちろんそれも大切なことですし、定期考査の試験は周りと相談せずに自分だけで正解に導いていかなければなりません。しかし、それだけですと、困ったときに他人に助けを得る方法を学ぶことができません。

> 授業中、教師の話を聞き逃した生徒がいます。今やるべき課題をちょっとぼーっとしていたから、教師の話が耳に入らなかったのです。周りの生徒は机に向かって黙々と取り組んでいます。周りの生徒をちょっと見ただけでは、今何をやるべきなのかよくわかりません。この教師の授業は、ちょっと私語をしただけで叱責の声が飛んできます。絶対に隣の生徒に聞くことはできません。だから教師が自分の近くに来るまで何をすればいいのか教師に聞くことができません。しかも、教師に聞いたら「また話を聞いていなかったのか」と怒られるに決まっています。

なんていう教室はざらにあります。周りを頼ってはいけないという意識を植えつけている教室です。これでは頼る力は身につきません。困ったとき、適切な時期に適切な人に、適切な方法でお願いできる機会を設ければ、「人に頼ってもいいのだ」とわかります。そのような力をつけてほしいのです。

(2) 折り合いをつける力

　人間関係を学んでいくには，実際に相手がいなければなりません。相手とのやりとりがあると必ずトラブルが生じます。そのトラブルは，そのときに解決できる場合もありますが，根が深くてすぐには解決できないこともあります。ここで重要なのは「先送り」にするということです。「先送り」の効果は，「時間を置いて冷静になれる」ということです。すぐその場で解決しようと焦りますと，自分の気は晴れるかもしれませんが，相手の気持ちを損なうこともあります。もちろん，早急に対処しなければこじれてしまうこともあります。その見極めはマニュアル化できません。自分が折れなければならない場合もあるでしょう。主張しなければならない場合もあるでしょう。片方だけではいけません。相手や自分と折り合いをつけてうまくやっていく力をつけることで，袋小路に陥らなくてすみます。

　こういう力は試行錯誤によってしか身につきません。人と接して，トラブルに対処しなければ，「折り合いをつける力」は身につきません。どんどん人と関わる機会を設ける必要があります。

(3) 夢見る力

　自分の能力の成長を妨げる一番の障害物は，自分のイメージで自分の手足を縛ってしまうことです。なりたい自分がいるのに，周りからの情報に影響されて，「自分には無理だ」，「できるはずがない」と思ってしまうのが，自分をそのネガティブなイメージ通りに形づくってしまうという一番の原因です。自分はこれから成長できるんだ，なりたい自分になれるんだという「夢」をもてる人間になってほしいのです。

　もちろん夢に向かって行動することもセットでないと夢は実現しません。行動をすることも合わせて「夢見る力」と私は思います。

第2章 1年生

新しい環境に安心させる

> プロサッカークラブの監督，コーチ，トレーナーは，選手たちよりも先に練習場に足を運び，選手が十分な環境でケガがないように，用具，ピッチなどを整え，練習メニューを考え，選手が最高のパフォーマンスを出せるように用意します。担任業もそれに似ていると思います。

　高校は，生徒たちにとって今まで経験したことがないような広い世界です。公立中学校だったら，2～3校の小学校の児童が通っていたので，顔見知りも多かったことでしょう。地域によっては，小学校からそのままもち上がりの中学校もあります。私が在職していた新潟県の公立高校に学区はありません。全県1区ですので，どこからでも高校へ通ってもいいのです。中には新幹線を使って毎日1時間50分ほどかけて通っている生徒もいました。それほど遠くからではなくても，列車が通っていない地域では，朝5時台に家を出てバスで通ってくる生徒もたくさんいました。高校は本当に広い地域から通ってきますし，いろんな通学事情の生徒がいます。今まで行ったことも見たこともないような場所に毎日通う生徒が，不安でないはずはありません。

　また，中学校の勉強は，ほとんどの生徒がわかるような内容を授業で行い，テストも平均点は70～80点ぐらいだったはずです。しかし高校はがらりと変わります。多種多様な中学校や地域から生徒が通います。勉強内容も途端に難しくなります。「全員がわからなくてもしょうがない」と思って授業をしている教師もいるのが現実です。そんな噂を聞いて入学する新入生をまず安心させるのが担任の最初の務めですし，安心させて慣れさせたとしても，だらけさせてはいけません。1年生が終わる時点での目標は，自分の成長を感じさせ，自分の未来に対して歩んでいくという決意をもたせることです。

 安心第一

1学期（含む夏休み）

　入学したての1年生にとって一番不安に思っているのは，友だちができるのか，勉強についていけるのかなどです。中学校に比べたら何倍もの広範囲から生徒が通ってくるのが高校ですから，もしかしたら，ある中学校からは1人しか入学してこないなんていうことも当たり前のようにあります。その子たちをまず安心させなければなりません。安心させるにはまず仲間づくりから始めるのがよいと思います。担任がいくら「安心して下さい」と言っても，仲間ができることに勝ることはありません。安心してもらったり，クラスで仲間をつくっていく手立てや，高校の生活規律を身につけさせる方策を書いていきます。

1　教室づくり

(1)　教室を明るく

　高校の教室と小・中学校の教室を比べて一番違うのは，高校の教室には何もなさすぎるということです。殺風景すぎます。もちろん学校によっては違うのでしょうけれど，私が長年勤めてきた新潟県の公立高校では，教室にあるものと言えば，黒板，机，イス，個人ロッカー，清掃ロッカー，ゴミ箱，掲示板くらいです。小学校のようにテレビがあったり，水槽があったり，パソコンがあったりなんて夢の夢でした。しかも私は古い校舎の学校を渡り歩いていましたので，天井はすすけて，暗い感じが教室全体を覆っていました。最近，新築や改築された学校の教室の壁の色はパステル色を使ったものが増えていますが，そうではない学校はくすんだ色のところがほとんどです。

　期待と不安をもって気持ちも新たに高校に入ってきた新入生にとって，入ってきた教室が何とも殺風景，悪く言えば壁もくすんだ「監獄」のような部屋だったら，なおさら不安になるでしょう。だから入学式までにしたことは，

教室をなるべく明るくすることです。ゴテゴテと飾り立てる必要はありません。黒板をきれいにし，古い黒板消しは取り替え，ガタガタしたり，いたずら書きが書いてあったりした机とイスは取り替えて，埃がかぶっているのですべてを雑巾がけし，清掃用具で使用できないものは新しいものに取り替えました。ある学校では壁の上部がカビで黒ずんでいてひどかったので，カラフルな風船が撮影された写真パネルをかけました。

(2) 清掃用具の整備

　先ほど清掃用具のことに触れました。清掃用具がまともかどうかで，昨年度までその教室を使っていた担任の清掃に対する思い入れがわかります。最近の新しい校舎は淡いピンクもしくはグリーンの壁だったりして，とても明るい教室をつくっています。清掃ロッカーもそんな明るい色だったりします。しかし，清掃ロッカーを開けてみると，そこに入っている清掃用具は箒の穂（柄とは逆の掃く部分）が下になって立てかけてあったり，自在箒もそうなっているために完全に穂がつぶれて，綿ゴミの温床になっていたりして，掃けば掃くほどゴミが穂から出てくるような状態のものが平気で入っています。その教室の前の担任教師は，清掃で教室をきれいにさせることが目的ではなく，清掃する動作をさせることを目的にしていたんだと思ってしまいます。教室を美しくすることで，新入生を安心させようというのに，こんな道具では逆効果です。

　そこで清掃用具の整備が重要です。穂先が曲がって使い物にならない箒は取り替えます。箒は古くなると，柄についている吊るすための輪っかが切れてしまうので，吊るすことができず穂先を下にして立てかけてしまうのです。だから技術員室に行き，電動ドリルを借りて柄に穴を空け，そこに綴じ紐を通し，箒をかけることができるようにします。道具を整備することで，清掃が上手になり，教室をきれいにしようという気持ちも生まれてきます。何事も極めるには道具から始めることが重要です。詳しくは，第5章に書いています。

(3) 掲示物の整備

　教室の脇や後ろにある掲示板には，新学期からのさまざまな情報の書かれてある用紙を貼ります。その貼り方にも一工夫が必要です。とりあえず何でも貼っておけばいいというものではありません。ある程度のコーナーをつくっておくのがよいでしょう。この情報はこの辺りを見ればいいのだというように，新入生を混乱させないためです。「授業」，「進路」，「行事」，「生徒指導」というようにです。

　また，教室の脇や後ろに黒板がある教室もあるでしょう。そこには更新頻度の高い情報を書くコーナーを設けます。高校は授業変更が頻繁にあります。私は黒板に，この先３日くらいの時間割を掲載するコーナーを設けました。今日，明日，明後日です。それを週番（日直ではなく週交替の当番）に担当させます。週番の仕事は次の「２．仕事づくりで関係づくり」で述べます。

　１つ気をつけなければならないことがあります。それは，教室前面にはあまり情報は掲示しないということです。黒板の周りに授業とは別の情報があまりにも多いと，授業の情報に集中できない生徒も多くいるからです。

　この点は，ちょっと私は失敗した経験があります。そういう配慮がなく，授業中いつも目にしていれば，忘れることはないだろうと思い，黒板の右側には日付，週番名，黒板の左にはちょっとした連絡メモを貼るコーナーを設

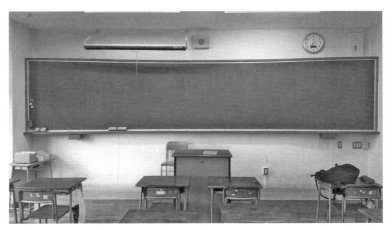

け，黒板の上には学級目標を掲示したりして，黒板周りをごちゃごちゃと情報だらけにしてしまいました。そうすると，いろんな人が黒板に書き込むことになります。課題提出の締め切り，当日の呼び出し，クラスみんなへの連絡など。どんどん授業と関係ない情報が授業中に生徒たちに入り込んでいくことになります。集中できない子が出てもしょうがありません。だから，黒板には何も書かない，何も貼らないという状態になっていると，そこにあえてメモを貼ったり，連絡を書いたりする人もいなくなりますし，それを見つけたら外したり，消したりすることにためらいがなくなって，いつも黒板はきれいな状態になります。ユニバーサルデザインの観点からも有効です。

　このように，教室の4面はどんな情報を示していいのかという決まりをつくっておきます。こうすることで，情報の管理ができます。学校生活に慣れてくると，生徒が個人的なものを掲示しようとすることが起きます。好きなタレントのポスターを貼ったり，マンガを黒板に書いたりします。教室は自分の家の自分の部屋ではありません。個々に好き勝手な情報を掲示したら，教室内の規律が乱れてしまいます。そこで，情報の管理を初めからすることで，個々の勝手な掲示を防ぐことができます。

2　仕事づくりで関係づくり

　クラスは勉強をする場だけではありません。生徒たちの日々の生活が快適になるよう，生徒たち同士が工夫をして生活をつくっていく場でもあります。みんながクラスの仕事でクラスに関わることによって所属意識をもてるようになります。どんな小さな仕事でもその仕事がないと不便になる，その仕事をやってくれるあなたがいてくれるから，クラスが快適になるというようになることで，一人ひとりがクラスを自分の居場所として感じ，安心して登校できるようになります。ですから担任は，係になったら完全に任せます。気軽に「先生がやっておく」と言って代わりにその仕事をしてはいけません。「簡単に誰かが代わりにやってしまう仕事だ」と思わせたり，「やらなければ先生がやってくれる」と思わせると，仕事への責任感，自分の有用感，クラスへの所属感は薄くなってしまいます。担任は，量と質を考えて，クラスの生徒みんなに均等になるような係の仕事を決めなければなりません。

(1)　級長・副級長を決める

　高校教師時代の最後の担任３年間，私は級長の立候補を募ったことがありませんでした。級長を初めとする係決めは，１学期始業式当日には行いません。始業式の次の日かその次の日にしか係決めの時間はとれません。ですので級長を決めるのに数日の猶予があります。そのときにクラスの生徒を観察します。クラス替え後，初めてクラスのみんなと対面し，挨拶をしてしゃべるとき，どのような態度で私の話を聞くか，休み時間や，入学式の準備のような，周りの仲間と交流し，協力して仕事をしているとき，どんな仲間とどのように接しているかなどを観察します。そして「明日係決めなのだけれど，今日放課後，級長になってほしい人に連絡します。その連絡を受けたら是非とも引き受けて下さい」と伝えます。

(2) 級長・副級長の適任者

　どんな人に級長の指名をしたのか説明します。

　これから1年間，クラスは級長を中心に行事について相談したり，意見集約したりしていくのです。しかしクラス担任との折り合いもつけていかなければなりません。一番の条件は，「担任に反感をもっていない」ということです。または，もっていたとしてもそれをあらわにしない人です。初めてクラスのみんなと対面したときに，反感をもっている人は視線でわかります。キッとにらんだり，目を背けたりしている人にはまず級長は務まりません。級長はクラスのみんなに配慮し，担任にも配慮できる人でなければなりません。

　そして仲間と折り合いをつけてやっていける人です。新クラスでも，数名とワイワイ騒いでしゃべっている人はちょっと気をつけなければなりません。きっとそのグループでの人気者です。でも，悪い言い方をすれば，まだみんなと人間関係を構築していないのに周りを憚らず，騒いでしまう子は，そのグループとだけうまくやれるけれど，おとなしめな子とあまり人間関係をうまくつくれない生徒です。こういう子は目立ちたがって級長に立候補したがるタイプです。しかし，そこで決める手間が省けたと思って級長を任せてしまうと，後からクラスの一部から不満が出てくることが多いです。

　2，3年生だったら，前の担任から情報を得て，級長候補を決められるのですが，入学したての場合はそれができません。中学校から送られてくる調査書に書かれてあるのは，あまり頼りになりません。「リーダーシップがあり，……」とか，「周りをよくまとめ……」という表現は，先ほど述べた自分のグループ内でワイワイ楽しく突っ走るタイプもいるからです。ですから，入学式やその後のオリエンテーションでの観察がとっても重要になります。休み時間に，周りに親しい知り合いがいなくても，それでも話しかけて何とか仲間をつくろうとしているタイプ，親しい知り合いがいたとしても，傍若無人な振る舞いをしていないタイプがいいでしょう。

(3) 級長の仕事内容

　そのようにお願いし，承諾してもらった（経験上，断られたことはありませんでした）級長の仕事ですが，任務はあまりつくりませんでした。任務はつくらず権限をつけました。いろんな行事の決めごとは，級長に任せて，級長が行事の係の決め方を決めました。いつもいつも前に出てクラス会の司会をしていたわけではありません。その司会さえ指名できる権限をつけました。つまり級長は決まった仕事がない代わりに，クラスを運営する権限があるのです。級長があまりにも忙しくなると，意を決してクラスの代表になってくれたにもかかわらず，忙しすぎてその仕事が嫌になってしまうからです。級長はクラスの顔ですから，その顔が曇らないようにしなければなりません。

　その子を信頼して級長を任せたので，副級長は級長に選んでもらってもいいと思います。気心が知れて，何でも相談し合える副級長がいると，級長にとって心強いはずだからです。

(4) 係を決める

　級長・副級長を決めたら，係を決めます。クラスに生徒が40人いたら，40人分の係を決めます。必ず誰かが何かの係になるようにします。ちょっと初めは大変ですが，毎年使い回しができますので，がんばって必要な係を考えてみましょう。もう級長，副級長が決まっていたら，あと38人分の係です。生徒会の委員もクラスの仕事と考えますので，考えなければならない係はそう多くはないでしょう。ある年のクラスの係一覧を次ページに掲載します。

　一度この係をつくって，次の年度クラス替えがあって，クラスの人数が減った場合，削るか兼任させます。係によっては，期間限定で忙しくなるものがあります。学習係は年間を通じて仕事がありますが，文化祭係，体育祭係はその行事があるときだけです。そのようなことと仕事の量のバランスを考えて「○○係は△△係と兼任」というようにします。

2013年度 1年○組　HR役員, 生徒会委員一覧

HR係	人	仕事内容
級長	1	クラス運営・号令
副級長	1	クラス運営・出席簿管理
庶務委員	2	クラス会計・企画立案運営

※クラス運営は上記4名が中心となり企画, 運営する。

生徒会役員	人	備考
評議員	2	**諸行事・生徒会会計等の審議と承認など**
総務部員	1	各行事における運営補助
文化委員*	2	文化祭担当
体育委員*	1	体育祭の運営
保健委員	2	身体測定補助・クラスメイトの健康管理
規律委員	2	体育祭服装等の**チェック・ストーブ消火巡回など**
ベルマーク委員	1	文化祭のバザー担当など
図書委員	2	図書貸し出し・整理など
美化清掃委員	2	大清掃ワックス塗り・掲示物の管理, 教室内の美化
選挙管理委員*	1	生徒会執行部選出選挙の運営
新聞委員	1	学校新聞の発行

※上記の*のついている委員は下記の*の係と兼任する。

進学係	2	模試運営作業・進路資料整理・希望調査集計
英語係	2	週末課題（宿題）のチェック・配布, 返却
数学係	2	〃
現代文係	2	〃
古典係	2	〃
地歴公民係*	2	授業の補助
理科係*	2	〃
アルバム委員*	2	卒業アルバムの企画・編集

自分の仕事の枠をちょっとずつ超えてみんなのためになる仕事をしよう！

(5) 週番〜SHR運営は生徒たちで〜

　年間を通した仕事は「係」としてあるのですが，週交替の仕事として「週番」という仕事もつくりました。「日直」の週交替版です。2人が週番に当たります。日直となると，毎日変わるので，ちょっと気を抜いた場合いろんな仕事をしないまま次の日直に代わってしまいます。週番にすることで，忘れた仕事は次の日に忘れずに行おうという気持ちになってほしいのです。週番の仕事は黒板を消したり，冬だったらストーブの灯油を運んだり，日誌を書いたりと大変なのですが，私はクラスのことはクラスのみんなで行ってほしいので，朝のSHR（ショートホームルーム・朝学活・朝の連絡の時間）の運営も週番に任せました。

　週番は，朝のSHRが始まったら前に出て，挨拶の号令をかけます。クラスのみんなは週番に向かって挨拶をします。担任は後ろに立っていたり欠席の生徒がいたらそこに座ったりします。生徒が教師に挨拶をし，教師が生徒に挨拶をするのではなく，1日の始まりは生徒同士の挨拶から始めたいのです。このクラスはみんなが運営しているという気持ちをもたせたいからです。

　挨拶が終わったら，出席確認をして，欠席連絡がある場合はそれをみんなに伝えます。今日誰が休んだのかクラスで共有するためです。同じクラスなので，部活動の大会で公欠なのか，具合が悪くなって欠席なのか，はたまた単なる遅刻なのかを共有することで，クラスのみんなのことはみんなで気にしているという雰囲気をつくるためです。

　その後，クラス全体への連絡をしたり，配布物を配ります。クラス全体への連絡は，連絡が記入されている用紙をSHRの前に出席簿や学級日誌とともに事前に週番が取りに来ることにしています。個人的な連絡も用紙に書いてあるので，それはSHR最中に個人的に渡します。プライバシーに配慮する場合は担任が個人的に渡します。連絡を受ける人が遅刻の場合，登校したら週番が渡しますし，欠席の場合は，例えば委員会の開催の案内だったら代理に渡します。代理は不測の事態に対処する級長になる場合が多いです。

　そして，最後に担任からの連絡があるかどうかを聞きます。こうしてみる

と，担任から全体に話すことというのは結構少ないということがわかります。担任が話さなければならないのは，生徒指導的な注意や，進路指導的な情報などですし，こういう話は毎日あるわけではありません。SHRの大部分は情報伝達の時間だったりします。担任は教室の後ろに立って，週番のSHR運営を見守ると同時に生徒の健康観察をします。後ろに立っているとクラス全体を見渡せて，一人ひとりの生徒の姿がよく見えます。しっかりと顔を上げているのか，だるそうにしているのか，はたまた欠席なのかということです。教壇に立って短い時間で情報を伝えながら，40人もの生徒の出欠確認をするというのはかなりの能力が必要です。教壇に立って出欠記録をつけていたとき，たまにその生徒がSHR時にいなかったというのを見落とすことがあります。後ろに立って全体を見て，週番とともに空いている席を一つ一つ確認すると絶対に見落とすことはありません。

　このようなSHR運営を週番に任せて数か月経ったときに，こんなことがありました。朝の職員の打ち合わせがちょっと長引いて，SHR開始のチャイムが鳴っても続いていました。数分遅れて教室に向かって廊下を歩いていると，クラスの生徒2人が歩いてきます。トイレにでも行くのかな？と思って「どこ行くの？（SHRが）始まるよ」と言うと「終わりました」と答えます。何のことだ？と思ったら，その2人は週番で，私が来る前にちゃんと時間を守ってSHRを始め，終了させてトイレに向かっていたのです。私はそのとき，ほめました。「すばらしい。自分たちで時間を守ってSHRを運営できるなんて，なかなかできるものではないよ」と。

　次ページに，週番の仕事一覧を掲載します。この用紙はボール紙に貼りつけて，学級日誌のしおりとして挟んでおき，いつも見られるようにします。SHRの運営はこれを見ながらやってもいいのですが，週の中頃には見なくてもできるようにしなさいと指導しました。

週番の仕事2013

2013/4/8版

※週番はクラスのみんなが気持ちよく学校生活を送るためには欠かせない仕事をします。1週間2名ずつ担当します。週番になったらみんなのために一生懸命仕事をしましょう。特に連絡を確実に伝えないとみんなが困ります。効率のよい情報の共有化のために責任をもってやりましょう。

〔朝〕

1. 教務室まで日誌・出席簿・学習調査用紙を取りに来る。(8:25まで 教務室)
2. 配布物がある場合は，事前に配っておく。
3. 個人への連絡票がある場合は，SHR前に渡しておく。
4. **学習調査用紙を返却し，すぐに書かせる。**

〔SHR開始のチャイムが鳴る（8:35 月曜朝会がある場合は9:10)〕

5. 朝テスト実施。終了後2人で前に出る。
6. 朝のあいさつをする。
   「起立，気をつけ，おはようございます」（クラス：「おはようございます」）「着席」
7. （週の初め＝週番最初の日のみ）自己紹介
   「今週週番の○○と○○です。今週1週間よろしくお願いします」
8. 出欠確認（出席簿やメモを見て）
   「○○さんは●●●の理由で欠席の連絡がありました」
   「○○さんは△△△部の大会で公欠です」
   「○○さんはまだ連絡が来ていません」……など。どうしてその人がいないのか，クラス全体にわかるように伝える。
9. 出席簿に記入する。
   欠席……／　　遅刻……×
10. 今日の行事を伝達する。
    「今日の予定は○限に……があります。○時○分には〜に集合しましょう。
    （特にない場合は省略する。）
11. 全体への連絡（ある場合）を伝える。
    ※メモや連絡票を見て，みんなに伝わるように話し言葉にして伝える。
12. 個人への連絡（ある場合）を伝える。
    ※メモをその人に渡す。その人がいない場合は，代わりの人に渡すか，登校したら渡す。
13. クラスメイトからの連絡
    「みなさんから何か連絡はありませんか？ある人は手を挙げて下さい」
    ※連絡がある場合は指名して発表させる。
14. 先生からの連絡
    「先生，何か連絡はありませんか？」

15. 1時間目の授業の連絡
    「1時間目の授業は○○です。準備をしっかりしましょう」
    または，「遅れないように○○へ異動しましょう」など，臨機応変に発言。
16. 学習調査の提出を促す
    「学習調査はSHRが終わったらすぐに提出してください」
17. その他
    ※気の利いたことをひとこと言う（みんなのパフォーマンスが上がるようなことや，最近気づいたこと，気をつけておくべきことなど）。
18. 「以上でSHRを終わります」
19. 掲示物を掲示
    出席簿に挟んである用紙を，みんなに伝達できるような場所に貼る（定められたところがある場合はそこに貼る。すべてを適当に黒板に貼らない。**掲示物の貼り方でその人の誠実さがわかります**）。
20. 学習調査用紙をそろえて担任に提出する（上下左右，表裏をそろえる）。週の初めの場合は，名票に先週1週間の学習合計時間を記載する。

〔日中〕

21. 欠席者，公欠者，遅刻者などを，後ろの黒板に記入する。早退者が出たらその都度書く。
22. 各授業終了後，黒板を消し，きれいにする。(**書かれた字が見やすくなる黒板を！**)
23. 時間変更がある場合，後ろの黒板にわかりやすく書く。
24. **体育の授業について担当の先生の指示を仰ぐ。**
25. 教室移動の時消灯，ストーブの火力を最小にし，扉を閉める。

〔放課後〕

26. 前の黒板に次の登校日の日付，曜日を記入する。
27. 後ろの黒板の欠席者欄を更新する（書かれてあった名前を消す。すでに欠席や公欠が分かっている者の名前を記しておく）。
28. （週の最後の日＝週番最終日）次の週番の2人の名前を前の黒板に記入する。
29. 日誌を提出する。**感想・反省欄は欄をすべて埋めること**（担任に直接手渡すか，見あたらなかったら教務室まで持参する。**出席簿が教室に放置されている場合は，それも持参する**）。

※以上のことを週の中頃までにはこのメモを見ないでできるようにすること。

(6) 教科担当の教師に生徒を覚えてもらう

　級長の大切な仕事の一つに，クラスの生徒たちと担任や教科担当教師をつなぐ役割があります。高校の場合は，中学校に比べて教科担当教師との関係が希薄になりやすいです。それは学習する教科・科目が中学校に比べてとても多く，中には１単位の授業（週に１時間しかない）科目もあります。週に１時間しかなければ，時間変更や行事があると，次にその授業があるのが２～３週間後なんていうのはざらです。少ない単位数の授業を担当している教師は，もち時間数は他の教師とほぼ同じなのですから，他にたくさんのクラスをもっていて，たくさんの生徒を相手にすることになります。そうすると，どのクラスにどんな生徒がいるのかすぐには覚えられません。または，常勤の教師ではない場合もあり，学校に出勤するのは週に２～３日で，生徒と接する機会が常勤の教師に比べて少ないため，名前と顔を覚えるのに一苦労します。そのためには，そのクラスにいつもいる級長の役割が重要になります。

　そのために座席表を印刷し，級長に預けます。級長から教室で行う授業の教科担当の教師に渡すのです。クラスを印象づけるには，まず級長から印象づけようということです。

　教科担当教師のクラスの把握は，座席表がとても重要になります。入学式後の新たなクラスでは，多くの教師は教室で授業をするときに，生徒の個性を座席の位置で把握します。「あの元気な生徒は廊下側の一番後ろにいたな」とか，「いつも眠そうにしている生徒は，窓側の真ん中ぐらいだったな」のようにです。座席表は教卓の上に１部置いてあるのですが，教科担任にとっては，授業が終わって自分の科務室に戻ったときに，「あの，的確な発言をした生徒の名前は何だったかな？」と思ったときに，手元に座席表があるととても便利です。だから，級長が座席表を手渡すことによって，そのクラスと級長も印象づき，座席表もあるので，各教科担当教師に生徒の名前と顔を早く一致させる手立てになるのです。

(7) 座席表の工夫

　座席表には，クラスの生徒の名前と読みがなを書くのはもちろんのこと，いろんな情報も載せます。新入生だったら出身中学校名もいいかもしれません。入った部活動や，クラスの係も載せると，「国語係は誰だったかな？」と思ったときに，教室に掲示されている係一覧を見なくても手元で見ることができます。名前だけでなく，いろんな情報を載せることによって，教科担当の教師はクラスの生徒に親しみをもつようになります。もちろん，個人情報の保護には十分注意する必要があります。

	13 おうみいづみ　還管　野球 近江　和泉	18 きいあや　新聞　箏曲 紀伊　綾	21 さぬきともこ　アルバム　バレー 讃岐　朋子	39 びんごかな　規律　バレー 備後　佳奈	
37 びっちゅうまい　新聞　舞楽 備中　舞	34 ひごりょうこ　英語　帰宅 肥後　涼子	15 おきさえ　現代文　バレー 隠岐　沙絵	8 いよなぎさ　庶務　ダンス 伊予　渚	14 おおすみゆみ　美化　バド 大隅　裕美	32 のとあい　新聞　器楽 能登　愛
20 さどゆうか　美化　軽音楽 佐渡　悠佳	29 つしまはるか　還管　水泳 対馬　遥	4 いきはなこ　数学　バレー 壱岐　華子	5 いづみれいか　文化祭　ダンス 和泉　礼佳	9 いわみもえ　総務　放送 石見　萌	6 いづもしほ　保健　サッカー 出雲　志穂
40 ぶぜんえいすけ　数学　囲碁 豊前　詠輔	16 かがみほ　地歴　バスケ 加賀　美穂	23 せっつかおる　文化　卓球 摂津　郁	38 ひゅうがみずは　文化　サッカー 日向　瑞葉	10 えちごみほ　図書　映画 越後　美帆	26 たんばかおり　規律　放送 丹波　夏織
33 はりまみさと　保健　合唱 播磨　美里	1 あきりな　級長　サッカー 安芸　茉梨	3 あわじあきね　国語　映画 淡路　明音	36 びぜんせいな　古典　水泳 備前　聖奈	19 さつまいくみ　評議　管弦楽 薩摩　郁美	17 こうちなつみ　理科　水泳 河内　菜津美
27 ちくごゆういちろう　体育　ブラス 筑後　唯一郎	30 とささわこ　規律　バスケ 土佐　紗和子	31 ながとまみ　英語　軽音楽 長門　麻美	28 ちくぜんはるな　保健　卓球 筑前　晴菜	11 えちぜんいくみ　新聞　放送 越前　いくみ	25 たんごゆうき　副級長　野球 丹後　優貴
2 あわまさあき　副級長　放送 阿波　正明	22 すほうみずき　古典　ダンス 周防　瑞紀	7 いなばおだか　庶務　野球 稲葉　雄高	35 ひぜんまみ　総務　ラグビー 肥前　茉美	24 たじまゆりか　英語　ラグビー 但馬　百合香	12 えっちゅうやか　進路　サッカー 越中　弥香

```
　１年Ｙ組　　座　席　表
```

3 クラス目標　それぞれの力がみんなの力に

(1)　クラス目標を決める前段階として

　クラスの係が決まったらクラス目標を決めます。級長の初めての大きな仕事です。クラス目標は，クラスみんなの目標です。担任が決めるものではありません。みんなで決めてみんなで目指さないと意味がありません。しかし，漠然と丸投げで決めさせるのではなく，クラス目標を決める前に，担任である私がこんなクラスをつくっていきたいということを伝えました。できればその内容を反映させて，クラス目標をつくってくれればいいなぁと思いました。きっと，級長選びに成功していたら担任の意図を汲んでくれるはずです。ある年のクラスでこんなことを伝えました。

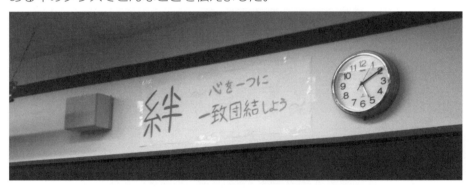

　このクラスは，いろんな中学から，いろんな人がたまたま一緒に集まったというものです。誰かが意図的に集めたものではありません。だから見知った人も見知らぬ人もいます。みなさんはこのクラスを選んだわけでもありませんし，私もみなさんを選んで担任の仕事を任されたわけではありません。社会に出ると，こんな偶然のつながりというのがほとんどです。社会に出て仕事をして，アパートを借りた，マンションを買った，家を作った，なんていうときにご近所さんとの出会いは偶然です。そのご近所さんの中には気の合う人もいるでしょう，気の合わない人も

いるでしょう。気の合わない人とは顔も合わさない，話もしなくていいなんてことはありません。挨拶はしなければならないし，町内会のことも決めなければなりません。そういう練習ができるのがクラスです。みんなと仲よくなれとは言いません。みんなと折り合いをつけてうまくやれる力をつけましょう。そしてみんながみんなの力になって，みんなが高まっていけるようなクラスをつくって，1年生の終わりにはみんながそろって進級できるのが私の願いです。

クラス目標が決まったら，それを係に書いてもらいます。掲示係や，美化係などの教室環境をつくっていく係がいたら，その係の生徒に用紙と文房具を渡し，書いて掲示してもらいます。級長や副級長が作成してもいいでしょう。大切なことを決めたので，責任のある生徒に書いてもらうこともいいかもしれません。

(2) 学期ごとの小目標を設定する

　私はクラス目標とは別に，学期ごとに「合い言葉」と称して，身につけてほしい気持ちや具体的なテーマを決めました。クラス目標を達成するための具体目標とでも言うのでしょうか。例えば，「相手の期待を上回る」とか，「Pay it forward」，「選択→結果→責任」，「All is Well」などです。そうすることでクラス目標に近づけるように行動できる指針としての言葉を選びました。

4 初めての面談〜いつでもどこでも誰とでも〜

　クラスに40人近く生徒がいる場合，早く生徒と面談をして，人となりを把握したいものです。かと言って，１学期の初めは学校のさまざまなことが動き出す時期で，職員会議が組まれていたり，部活動の指導でも最初が肝心ですから顔を出さなければなりません。授業の準備も大変です。面談する時間はなかなかありません。１人７〜８分の面談を計画したとすると，単純計算で320分必要になります。放課後に３人ずつ呼び出して面談を計画したとすると，約３週間かかります。それでも放課後には会議や部活動指導が入ります。いつになったら全員と話ができるのでしょう？

　そこで私は１回目の面談は，空いている時間に教室で生徒を見つけて，その場で面談をすることにしました。前任校では教室にベランダがありましたから，教室から出てそこで立ち話をします。最初ですから，少し話してその生徒の雰囲気を感じて，名前と顔が一致できるようにすることが目的です。朝，昼休み，放課後の清掃の時間に生徒をつかまえて，「学校どうですか？」と聞きます。２〜３分で終わります。各２名ずつぐらいで１日に６名終わりますから，１週間でクラス全員と少しでも話せます。人間は不思議なもので，少しでも話した人には少しは親しみが湧きます。これは生徒でも同じです。今後のスムースなコミュニケーションのためにも，なるべく早くこの「すきま時間面談」を全員としましょう。

　また，この教室でのすきま時間面談には，もう１つ利点があります。他の生徒がいるところですので，他の生徒の雰囲気も見て取ることができます。朝早く学校に来ているのは誰なのか，昼休みは誰とご飯を食べているのかなど，人間関係や，授業以外の生徒の様子を把握することができるのです。お勧めです。

5 勉強の仕方の「先輩」になる〜中間考査〜

　入学式があり，授業が始まるとあっという間に中間考査になります。定期考査の間隔としてはここがもっとも短く感じられます。入学式直後は，オリエンテーションや，対面式，健康診断などの行事が入ったり，ゴールデンウイークもあり，授業日が本当に少なく感じられます。そんな中で，生徒たちは考査を受けなければなりません。

(1) 中学時代の学習との違い

　中学時代の学習と高校時代のとでもっとも大きく違うのは，単位不認定（赤点）があるということです。新入生は，今までにない学習の厳しさに不安になります。焦ります。そして，中学時代は1クラスに学習成績で上から下までさまざまな生徒がいました。また，評価方法も絶対評価で平均点は80点ぐらいのかなり高めに設定したテストが作られています。高校は違います。高校時代は成績的に似通った生徒が入学します。よって，その成績の平均よりちょっと高めをねらったテストを作ろうとします。

　そして一番大きな違いは，「勉強をしない人はテストで悪い点を取らせて，焦らせて勉強させよう」という雰囲気が教師にあります。つまり，「勉強をしない生徒には点数が取れないテスト」を作るということです。テストの制作者は授業担当の教師です。テストの部分部分を持ち寄って100点のテストにしたり，受けもちのクラスのテストは担当の教師が100点分作るなど，作り方はさまざまです。そのクラスの生徒の学習状況をよく知った教師がテストを作ることになるので，「今回は難しくしよう」，「前回は平均点が低めだったからちょっとやさしめに」というように調整をしながら作ります。しかし，テストの平均点が高めだと，その後，手を抜くのではないかという懸念から，テストは難しく作りがちになります。

(2) 考査の期間も量も違う

　中学時代はだいたい3日間の考査期間で，科目数は1回の考査で4〜5科目だった学校が多いのではないでしょうか。例えば，前期の中間考査は，国語，数学，英語，社会，理科のテストがあり，後期は保健，音楽，技術家庭……などと，学期にそれぞれ1度しか考査がありませんから，一度に勉強する科目は少なく，それぞれの科目に集中することができます。

　ところが，高校の考査は一度にほぼすべての科目の考査があります。したがって，一度に勉強する考査科目数は中学時代の2〜3倍となり，考査期間も4日程度になります。しかも，考査期間を土，日で挟むため，1週間くらいが考査期間となります。

　集中して学習する期間は，高校入試以来となるかもしれません。高校入試以来すっかりまとまった学習をする機会から離れている生徒は，そのペースを思い出すのは大変かもしれません。

第2章　1年生　新しい環境に安心させる　43

(3) 中学時代の勉強方法が通じない

したがって，初めての考査に臨む生徒たちには，このようなことを踏まえて「中学時代の考査とは全く違う」ということを言ってわからせなければなりません。中学時代は，教科書準拠のワークブックを何度か解いたりして答えを暗記しておけば，テストでは点数が取れたかもしれません。中学校の考査対策勉強方法として，ワークブックを3回解くこと，なんていう指導をしている学校はあると思います。

(4) 具体的な指導方法

しかし，高校の考査では，そのような勉強方法はあまり効果的ではありません。教科書準拠のワークブックがあったとしても，その問題を避けて，応用問題を作成したりします。「テスト勉強＝ワークブックの答えの暗記」と考えている生徒には考えを改めさせなければ，生徒は痛い目にあってしまいます。中学のテスト勉強と高校のテスト勉強は全く違うということがわかった生徒は，学習面でも安定しますが，中学時代の勉強方法のままでいる生徒は，「こんなはずじゃない」という点数を取ってしまいます。

そこで，担任教師は勉強方法を伝えなければなりません。まずは担任教師が受けもっている教科での勉強方法を伝えるのが一番いいでしょう。私は国語でしたので，こんなふうに伝えました。

> 中学時代は国語をはじめ，ほとんどの教科で暗記をしてテストに臨んでいたんじゃないですか？国語だったら，「ワークブックを2～3回やって，この問題が出たらこの解答をすればいいんだ」ということを覚えていませんでしたか？高校のテスト問題は全く違います。まずはワークブックがありません。どんな問題が出るのか，あらかじめわかりません。じゃあ，どんな問題が出るのでしょうか？授業中に先生から出された問いがありましたよね？きっとノートに書いてあるはずです。まずはそれについてもう一度解いてみましょう。もちろんノートに書いてある答え

なんて見ちゃダメですよ。それじゃあ暗記になってしまいます。何も見ずに解答するのです。解答したらノートを見て答え合わせをしましょう。合っていたらいいのですが，合っていなかったらどうします？その答えを暗記するんじゃダメです。どうしてその答えになるのか考えましょう。教科書のどこにそういうことが書いてあるのか，どうしてその言葉を使わなければならないのか考えましょう。それがテスト勉強なのです。

　きっとテストに出る問題は，授業中に出された問いの中の半分くらいかもしれません。じゃあ，あとの半分はどんな問いになるんでしょう？もちろん授業中に触れなかった問題も出るでしょう。でも，おおかたは，授業中に時間をかけて考えていたことに関することです。授業はどこの部分に時間をかけていましたか？そこが情報の濃いところです。きっと授業中にそこに気付いている人は，教科書にアンダーラインを付けていたり，ノートに先生の言った言葉や，仲間の発言や，自分の考えなどをメモしているでしょう。それらのつながりをおさらいするのがテスト勉強なんです。きっとそこから問題が出ますよ。

　また，自分が読み返して「何を言っているんだろう？」と思ったところが重要なところです。そこも情報が濃いところです。そこを仲間と一緒に考えたり，先生のところに質問しに行ったりしましょう。情報の濃いところ（テストに出そうなところ）と薄いところ（テストに出なさそうなところ）を授業中や復習で見極めるのも，効果的なテスト勉強の仕方ですよ。

(5) 情報の濃いところと薄いところ

　そんなふうに語って，中学時代の勉強とはちょっと違うんだということを是非ともわからせましょう。担当教科が定期考査で考査を実施しないという場合は，自分の経験でもっとも語りやすい教科について話してあげましょう。

　とにかく1年生は，勉強の仕方がわかりません。「そんなのは経験を積めば勝手に身につくだろう」と思っていてはいけません。高校時代に勉強方法を自分で身につけていた人は，きっと成績もよく，進学して教員採用試験にも合格しているんだと思います。そうではない生徒はたくさんいます。勉強の仕方を模索しているうちに1年生が終わらないよう，「高校の勉強の仕方」を身につけさせるのも担任の仕事です。

　生徒には濃い情報と薄い情報の見極めもできるようにさせたいものです。とにかく高校は情報があふれています。勉強に関しても，進路に関しても。その情報をすべて受け入れようとするとオーバーフローを起こしてしまって，結局何も情報を入れない状態と同じになってしまいます。

　まずは教師が話すときの表情，言葉，口調，熱意などによって，「あ，これは教師が熱く語っているから重要な情報だな，考査に出そうだな」というように「濃い情報」を見極められるようになるといいです。

　中学時代の勉強から抜け出せない生徒は，教師が示している情報はすべて同じ重要度で受け取り，黒板に書かれているものはすべてノートに写さなければならないと思い，教師が熱く語っていること，さらりと語っていることなんて関係なく授業に向かいます。または，黒板の情報を写すことが重要で，教師の話なんて全く聞いていない生徒もいます。教師が「これはテストに出そうだな」と言ったらほぼ確実に出ると思って下さい。しかしそんな濃い情報も他の情報と同じに受け取り，スルーしてしまう生徒もいます。

　教師が発する言語情報以外の表情，口調などの情報から重要度を見極めることも必要だと伝えましょう。

6 初めての体育祭（または文化祭）

(1) 初めての大きな全校行事

　高校に入学して初めての大きな学校行事は，初夏にある体育祭です。体育祭は秋に行っていて，初夏は文化祭だという学校は，後述する文化祭を参照したり，ここに書かれた内容を文化祭に当てはめてお読みください。

　体育祭の特別なところは，縦割りで活動するということです。新入生にとってこのことが一番不安なことでしょう。いったいこの高校の2年生や3年生にはどんな先輩がいるのだろうか。恐い先輩がいるのだろうか。怒られないでうまく活動できるのだろうか。など。小学校・中学校でも縦割りの活動はたくさんありました。小・中学校と一番大きな違いは，「どんな先輩がいるのかわからない」ということです。小・中学校では通ってくる地域がある程度限定されて，小学校からつきあいのある顔なじみの先輩は必ずいました。ところが高校ともなると，通ってくる範囲は広くなったり，もしかしたら出身中学校からは自分しか通っていないなんてこともよくあります。こんな不安はきっと今まで経験したことがなかったことでしょう。生徒たちが不安になるときこそ，クラスが1つの目標に向かって一つになるときです。

(2) 係や役割の仕事でつながりをもつ

　そこで重要になるのは係や役割です。仕事をすることで，つながりをもつことができ，知らない先輩とも交流し，親しみが湧くようになるのです。「恐そうだなぁ」と思った先輩は実は優しかった，なんていう感想はよく聞きます。「恐い」という感情は，単に相手を知らないということだけで，仕事を通じて接すれば，その「恐さ」は薄れるものです。

　体育祭の係や役割は，リーダー的存在になる3年生だけにあるのではなく，各学年にも割り振られます。体育祭とは言っても順位を競う応援合戦の練習もあります。体育祭運営の仕事もあります。衣装係もあります。そんな役割にどんどん就かせましょう。引っ込み思案で自分から進んで仕事に就けなさそうな生徒がいたら，声がけをしてみましょう。「衣装係なんてやれそうじゃないの？○○さんとやってみたら？」と。仕事をすることで人間関係づくりをしていくまたとないチャンスです。

　そして，いろんな初めてのことが重なり不安になっている人には，情報が伝わるように仕組みましょう。SHRを使い，情報交換の場にするのです。体育祭情報コーナーを設けてもいいと思います。各係から，今どんなことをしているのかを報告させてもいいでしょう。体育祭の準備状況を共有して，「仲間はがんばっているな」とか，「今，こんなことをしているんだ」と知るだけでも少しは安心するものです。

(3) 上級生と1年生をつなげる

　3年生は，最後の体育祭ということで1，2年生に比べて思い入れがとても強くなります。体育祭も近くなり，練習がうまくいかなかったり，サボったりする生徒が出てくると，自分たちの段取りの不手際はさておいて，「1年生が協力してくれない」と不満が噴出します。そんなときは担任が3年生と1年生の間に立ってクッションの役割にならなければなりません。3年生の意見だけを聞いて，クラスの生徒に「放課後の応援練習には出なきゃだめだろう」と怒っても，うまくいくはずはありません。双方の意見を聞き，3

年生の不満を聞き，立場を理解し，「わかった，私が何とかするからここは収めてほしい。私が１年生にちゃんと伝えておくから」と間を取りもつ必要があります。３年生が怒って怒鳴ったとしても，１年生は恐れるか，反発するかで，どちらにせよいい結果にはなりません。こういうときこそ担任の出番です。双方の意見を吸い上げ，担任が間に入り，きちんと伝えることで，「相手に伝わった」ということで双方の気持ちが収まることが多いです。でも，そのためには，昼休みや放課後の練習の様子を少しの時間でもいいから見に行ったり，普段のクラスの様子を観察していなければいけません。これは欠かしてはいけないことです。

 他学年の生徒の調整役になる

(4) クラス内の取り組み方に温度差が生まれる

体育祭の準備期間が続いていくと，クラスに温度差が出てきます。役割の仕事に一生懸命取り組んでいる人，部活動の大会が近く，ほとんど体育祭の練習に参加できない人，上級生に反発したり，練習がきついということで放課後用事があるという口実をつくり，練習をほとんどサボっている人。サボる勇気もないけれど，積極的でもなくだらだらと準備期間を過ごしている人。

いろんな生徒がクラスにいるから，これは仕方がないことなのかもしれません。しかし，こういうときこそ，何のために体育祭があるのか，体育祭の準備をするということは，自分の将来にどんな意味が生まれてくるのかということを語るチャンスです。私は，こんなことをクラスのみんなに言ったことがあります。

> いろんな初めての経験で大変だと思います。上級生の言うことも聞かなくちゃならなくって，しかも授業は普段通りにあって疲労もたまっていると思います。中には練習に出なくて上級生からにらまれている人もいるでしょう。体育祭のために何でこんなに面倒くさいことをしなきゃ

だめなの？と思っている人もいるでしょう。
　３年生はどうしてこんな熱くなっていると思いますか？それは，最後の体育祭ということもあるし，今まで自分が経験してきた体育祭をみんなに残したいという気持ちもあるのです。伝統を皆さんにつなげていきたいという気持ちから熱くなっているのです。皆さんは，２年後には３年生になります。そのときには，下級生を率いて体育祭をつくり上げていかなければなりません。そういう立場になります。そのときにどのようにやったらうまくいくのか，どのようにやったら下級生が不満に思ってうまくいかなくなるのかを経験しておかなければなりません。それを経験しておけば，皆さんが３年生になったときにいいところを継続し，悪いところは改善して，今までよりももっといい体育祭にしていけるのです。それが伝統を引き継ぐということです。サボっていたら，いいところも悪いところもわからないし，３年生になったら，結局悪いところを繰り返すような悪循環に陥ってしまいます。だから練習に参加し，よいところ，悪いところを見極めておかなければなりません。

　サボるような，上級生に反発をするような生徒は，３年生になってリーダーになりたがる生徒が多いので，このように伝えました。
　このように，体育祭で大変なのは準備の段階です。準備を手厚くやっておけば，体育祭当日に担任がすることはあまりありません。ケガがないように声がけするのと，がんばった子をほめたり，うまくいかなかった子の不満を聞いてやることぐらいしかありません。生徒のいる応援席に頻繁に顔を出して，生徒の健康観察をしましょう。

7 登校できない

(1) これをすれば必ず再登校させられるという方法はない

　体育祭が終わると，疲れが出て，休みがちになる生徒が出てきます。学習成績がかんばしくない。体育祭で人間関係を構築できない。部活動が厳しくてつらくなる。もともと来たい学校ではなかった。ここまでして勉強したくない。などなど，休みがちになる理由はさまざまで，一人たりとも同じ理由ということはあり得ません。生徒一人ひとり，生活環境も違い，人間関係も違うのだから，当たり前です。「このようにやれば不登校を解消できる」なんていう秘訣があるわけではありません。

　私は学校に来ることがしんどくなった生徒を何人も受けもちました。残念ながら，そうなった生徒で学校に再び来られるようになった生徒はあまりいません。そのまま不登校になり，休学，退学してしまった生徒のほうが多いです。だから，このことについてえらそうに述べる資格がないことは十分に承知していますが，学校に来るのがしんどくなって学校に来なくなった生徒に対して心がけていたことは次の3つです。

---
① 足を運んで話を聞く
② 担任一人の力は非力なので，協力をしてもらう
③ 学校にすぐに戻れなくても，その生徒の人生にとって有益な対応をする

　とかく，担任は一人で約40人の生徒を任され，一人で何でも対応しようと考えます。一人で対応できないと担任として失格だと思われるのではないか？という強迫観念があります。しかしそんなことはありません。不登校に関しては，学校全体で取り組むべきことです。
　次ページから，これら3つについて説明していきます。

① 足を運んで話を聞く

　学校に来なくなったのだから，学校で話を聞くのは当然不可能です。だからと言って電話で話を聞けるのかと言うと，それも難しいでしょう。電話口に出てくれたとしても通り一遍の話しかしてくれませんし，ともすると担任が一方的にしゃべるということになりかねません。

　それまでにメールアドレスやSNSアカウントを交換していたとしても，絶対にインターネット経由でのやりとりは避けるべきです。文字だけのコミュニケーションは，その人の心理状態によってさまざまに受け取られてしまいますし，もしかすると取り返しのつかない行き違いを生み出す原因になり，その証拠としてメールやSNSメッセージが保存されてしまいます。

　だから，それらのことを避けるため，是非とも家に出向いて話を聞きましょう。話をしてくれなくても，「会う」という行動が生徒に対していろんなメッセージを伝えることができます。すでに「家に出向いた」という行為自体が「気にかけている」というメッセージを伝えていることになりますし，保護者も「見放されていない」と思い，安心します。

　私のケースですが，家庭訪問をして生徒と話をしたかったのですが，何度か出向いて，部屋の前まで行っても，部屋の戸を開けてくれなかった生徒がいました。こちらで声をかけても生徒は何の反応も返してくれなかったのです。そんなことがあっても，出向くということは重要です。結局その生徒は休学をして，その後退学したのですが，数年後，別の通信制の高校に入学して，元気に学校に通っているとの連絡が来たときにはほっとしました。

　このように「人間的な基本的なコミュニケーション」をとるということが重要です。なかなか会ってくれないときに，こちらの気持ちを伝えたいのであれば，「手紙」という手段もあるでしょう。手紙は「人間の基本的なコミュニケーション」のツールとしてとても有効です。人の思いを効果的に感じさせてくれるツールだからです。

② 担任一人の力は非力なので，協力をしてもらう

　担任と不登校になった生徒の関係のパイプが細い場合，学年主任の教師，部活動や，教科担任の教師など，太いパイプをもっていそうな教師の力も借りるということです。家に出向いて家庭訪問してもらうのもいいでしょう。そして生徒がもっとも気にしているのは，クラスの仲間の存在です。そのパイプを十分に使いましょう。担任が何を言うよりも，クラスの生徒から言ってもらったほうが何十倍もの影響力があります。

　中学時代に仲のよかった生徒と一緒に家庭訪問をしたり，そういう人が見つからなかったら，クラスのみんなからコメントを書いてもらって渡すのもいいでしょう。きっと，中には同じ思いをしたことのある生徒，これからしそうな生徒もいることでしょう。そういう「その子に一番気持ちが近い」生徒からのメッセージは，本人に何か響くことがあるのではと思います。

③ 学校にすぐに戻れなくても，その生徒の人生にとって有益な対応をする

　1つ目と2つ目に共通しているのは「あなたは一人ではない」というメッセージを伝えることです。「教室にはいつも居場所があるから，いつでも学校に来られる」というメッセージです。もし，その学校で不登校が解消されなかったとしても，その生徒の人生は長いのですから，「高校のあのクラスで，先生や同級生たちはこんなことを自分にしてくれた，気にかけてくれた」という記憶が，もしかしたら，これからの人生のある時点で，その生徒の背中を押してくれるかもしれない，という希望をもって対応することにしています。

　また，登校している生徒へのメッセージにもなります。担任教師はクラスの生徒を大切にしていて，自分たちの居場所はここにあるんだということを間接的に伝えることになります。

(2) 担任だけの責任ではない

　不登校の特効薬はありません。逆に，登校刺激を与えることは逆効果ということはよく言われることです。

　じゃあ，再登校できないのだったら何もしなくても同じじゃないか，ということにもなりません。その生徒の将来のことも見通して指導を行わなければなりません。その生徒の10年後，20年後の人生のことを考えて接しなければならないでしょう。

　もしかすると，あなたのクラスで立て続けに何人も不登校の生徒が出るかもしれません。きっとあなたは自分のクラス経営のやり方が悪いんだ，自分は能力がないんだと落ち込むかもしれません。しかしそれは間違っています。

　そのクラスは，あなたが生徒を選んでつくったものではありません。ほとんど無作為に，もしくは生徒のコース選択や進路希望によってたまたま集まった生徒たちなのです。その中に，学校に来られなくなる生徒が複数人いたとしても不思議ではありません。もちろん，「だからあきらめていい」ということではありません。担任だけが責任を感じる必要がないということなのです。

　9年間「不登校ゼロ」を実現し，ドキュメント映画『みんなの学校』にもなった大阪市立大空小学校の初代校長木村泰子さんのお話を，ある講演会[2]で聞きました。「不登校の全責任は，その学校の環境をつくってしまった校長にある」とおっしゃっていました。そうなんです。不登校は環境で生まれます。社会環境，家庭環境，学校環境，クラス環境などさまざまな環境で生まれます。担任だけの責任ではないのです。だから，担任は担任の仕事として不登校の生徒に対応すればいいのです。全部の責任を感じる必要はありませんし，担任の力だけで対応できるものでもありません。だから，いろんな人の協力を得る必要があるのです。

8 義務教育ではない「高校」という学校

(1) 「義務教育」の意味

　高等学校は義務教育ではありません。「義務教育ではない」という意味を勘違いしてはいけないのは，「通う義務がない」のではなく，「通わせる義務がない」のです。主体は生徒ではなく，保護者です。日本国憲法第26条には次のように書かれてあります。

> 　すべて国民は，法律の定めるところにより，その能力に応じて，ひとしく教育を受ける権利を有する。
> 　すべて国民は，法律の定めるところにより，その保護する子女に普通教育を受けさせる義務を負ふ。義務教育は，これを無償とする。

　これを勘違いしている教師は，「高校は義務教育ではないのだから，勉強したくないやつは，学校に来なくてもいいんだぞ」と生徒に伝え，生徒もそういうものだと勘違いしてしまいます。大きな間違いです。内田樹さんは，「義務教育のそもそもの始まりは，子どもを労働搾取から守ることだった」と述べています[3]。現代の子どもは，保護者から労働搾取されていることはほとんどないと思いたいですが，それは別として，教師から「勉強したくない人は来なくていい」と言われた生徒は，自分の居場所に対してどう思うでしょうか？「学校とは勉強したい人だけ，勉強のできる人だけのために居場所が確保されているんだ」と思うのではないでしょうか？これでは，日本国憲法に定められた「ひとしく教育を受ける権利」が侵害されていることになります。

(2) 学校に通う意味

　もちろん見るからに勉強する気がなく，考査前でもテスト勉強はせず，テストの点数が悪くても全く気にしないような生徒もいます。赤点を取り，進級できないかもしれないとさんざん伝えても，努力の姿を見せない生徒もいます。そういう生徒に対して「学校に来てもしょうがない」と思ってしまうのは仕方がないかもしれません。

　それでは，そういう生徒は学校に通う意味がないのでしょうか？学校とは勉強さえしていればいいところなのでしょうか？そうじゃないと思います。高校は，勉強をするところであると同時に，勉強以外の社会性を育むところであるはずです。「社会性」は数値として学校の成績に表れません。数値化できないものを，学校の教師は軽視しがちです。

　現行学習指導要領では「確かな学力」，「豊かな人間性」，「健康・体力」の３つが重なり合って「生きる力」が生まれると示しています。教師が重要視しがちな「確かな学力」について，文部科学省は次のように説明しています。

> 基礎的な知識・技能を習得し，それらを活用して，自ら考え，判断し，表現することにより，さまざまな問題に積極的に対応し，解決する力

　この中で客観的に数値化できるものは，「知識」，「技能」でしょう。「表現」となるとちょっとあやしくなります。つまり，「学力」と言っても，数値化できない力もたくさんあるのです。数値化できる力がないからといって，社会性を学ぶ場を奪う権利は，教師にはないはずです。社会性が育たずそのまま成長したら，その子の将来は明るくはないのは，皆さん知っていると思います。

　ですから，冒頭に書いた，高校卒業時のゴール像「われわれの将来を任せたい立派な市民」に育てるために，「学校に来なくてもいい」という言葉は，言えなくなると思います。われわれ教師は，数値化できない力にもっと目を向けなければなりません。

(3) 中学卒と高校卒の生涯賃金の差

　また，賃金や労働条件の面において見てみると，「ユースフル労働統計2015」では，中学卒業者の生涯労働賃金（退職金を含めない）と，高校卒業者のものでは，男女とも1千万円の差があるとしています[4]。同資料では，退職金を含めた統計は男性のものしか掲載されていませんが，中学卒業者は2億2千万円，高校卒業者は2億4千万円と2千万円の開きがあります。

　厚生労働省発表の「新規学卒者の離職状況に関する資料一覧」では，2012年卒業者で3年以内の離職者は，中学卒業者は65.3％，高校卒業者は40.0％と大きな開きがあります[5]。職につき，収入があることで，安定した生活が送れることが，「立派な市民」になれる1つの条件であるはずです。収入が少なく，その日暮らしであった場合に，周りの人を助けるという余裕は生まれるはずがありません。安定した生活あってこそです。

　よって「勉強する気がなければ学校に来なくてもいい」というような，将来の道を閉ざすような言葉は絶対に投げかけてはいけません。

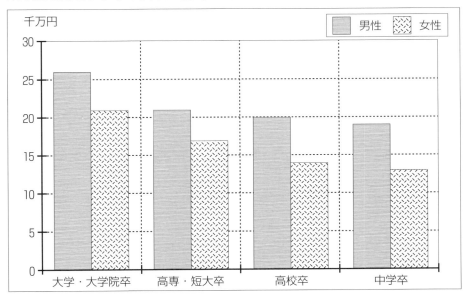

卒業校種別，男女別生涯賃金（ユースフル労働統計2015より）

9 厳しい現実～期末考査～部活動と勉強の両立

(1) 「勉強しなさい」は効果がない

　もちろん，「勉強する気がない人は，学校に来なくてもいい」と言っている教師は，本当にそう思っているわけではないことはわかります。そう言うことで，生徒に切実感をもたせて勉強させ，単位を取得させて進級，卒業させたいのです。しかし暖簾に腕押し，何を言っても効果がないと思ってしまう生徒というのはいるものです。中室牧子さんは『「学力」の経済学』で，「『勉強しなさい』と言うことは全く効果がないこと」と述べています[6]。そこでは次のような調査を行いました。母親が小学生の娘に勉強させるために，次の行動をとりました。

> ①　勉強する時間を決めて守らせた。
> ②　勉強を側で見ていた。
> ③　勉強しなさいと言った。

　これらでもっとも効果があったのは，①「勉強する時間を決めて守らせた」だったそうです。勉強をしない生徒は，自分から勉強ができない子です。親や教師から勉強時間を決められると，それに従ってするようになるという調査結果なのでしょう。

(2) 居残り学習

　私は，成績不振の生徒を放課後，教室に集めて「居残り学習」と称して勉強をさせました。教師側で授業をするのではなく，自ら進んで勉強ができない生徒たちを集めて一定時間，思い思いにテスト勉強をさせるのです。私はその教室に張りつくのではなく，たまに顔を出します。周りのみんなが勉強をし出すと，張りついていなくても「周りが勉強しているから」ということで，机に向かいます。たまに顔を出したときに私の担当教科である国語に関して質問する生徒もいます。

定期考査ごとにこのようなことをすると，「先生，居残りは次，いつですか？」と，まるで居残り学習を待ち望んでいるかのような発言をする生徒がいます。授業中に予習をしてこない生徒に「居残らせるぞ」と言うと，「そっちのほうが勉強するから居残りたい」という生徒もいます。みんなで居残って勉強するほうが勉強時間が確保されて，効果があると本人は感じているようです。理想は，自分で計画を立て，スマートフォンやマンガや音楽などのさまざまな誘惑を振り切って，自ら勉強できる生活リズムができればいいのですが，それがまだできない生徒にとっては，勉強時間を決められたほうがいいのでしょう。

　子どもたちには，遊びからの誘惑で勉強時間をとれないという人たちだけではなく，放課後，部活動に時間をとられて勉強できないという人もいます。「居残って勉強したい」という気持ちは，「居残り」と私から言われると部活動を休む罪悪感が少々薄れて勉強ができるということも含まれていると思います。部活動によっては，テスト前の期間でも活動をするところもありますから。

　このように，考査前にどれだけ勉強したかでテストの点数は違ってきます。勉強時間の確保こそが課題になります。

　先ほどの『「学力」の経済学』での調査で，他に「父親が小学生の娘に勉強させるための行動で，最も効果があったというもの」も載っていました。それは，「母親が小学生の娘に」とは違った結果だったのが興味ある点です。「父親が小学生の娘に」の場合は，「②勉強を側で見ていた」がもっとも効果があったそうです。側にいるのが同性なのか異性なのかで，効果は違うようです。これは，もしかすると教師と生徒の関係においても有効なのかもしれませんが，「側で見ている」というのは教師側にとって時間が拘束されることで，放課後多忙な教師にとって難しいことでしょう。しかし，個別指導に関して，参考になるデータかもしれません。

(3) 成績不振で部活動をやめても成績は上がらない

　1学期の成績を通知表でもらい，成績の悪さに愕然として「部活動をやめたい」と言い出す生徒もいると思います。過去に何人もの生徒が相談に来ました。熱心な部活動ですと，土，日含め全く休みがない部活動だったり，毎日帰宅する時間が20時を過ぎるなんていうところもあります。睡眠時間が足りず，授業中うつらうつらしている生徒もいます。勉強時間の確保なんてできるはずがありません。それでも，相談してきた生徒に対しては必ずこう言います。

> 　今まで何人もの生徒が，私に「成績が悪いから部活動をやめようと思う」と相談してきました。私は「部活動をやめたからといって成績が上がるわけじゃないよ」と必ず答えていました。そして，部活動をやめて生まれた時間を勉強に充てているかと言うとそうではなかったようです。部活動をやめて成績が飛躍的に上がった生徒は，私の今までの経験上ほとんどいませんよ。

　これは事実です。部活動をやめて偏差値が10も20も上がった生徒には出会ったことがありません。部活動が忙しくても勉強時間を確保できている生徒は，テスト前，部活動が休止，もしくは軽くなる期間に集中して勉強したり，朝登校して授業が始まる前，昼休みなどのすきま時間にさっと単語帳を取り出せる人です。時間がないなりに時間をつくって勉強しているのです。ところが，「部活動をやめたら成績が上がる」と思っている生徒は，実は部活動を自分の成績の悪さの逃げ道にしているか，成績とは関係なく部活動をやめたがっている生徒です。

　そういう生徒は，部活動をやめて，今まで部活動をして勉強できなかった膨大な時間を手にしたように思いますが，いざその時間を得たとしても，その時間の使い方がわかりません。だらだらと過ごし，結局部活動をしていたときと勉強時間は変わらず，勉強時間が増えたとしても集中力は高くならず，あまり以前と成績は変わらなかったりします。だから，成績を理由に部活動

をやめると言ってきた生徒に対して、「部活動をやめて勉強をがんばれ」と言わないことにしています。

(4) なるべく部活動を続けさせる

そういうときは、部活動の顧問の教師にその情報を伝え、担任と部活動の顧問の教師で連携をとることにします。または、同じ部活動で仲のよさそうな生徒に相談します。「部活動をやめたいと言ってきたけれど、部活動でうまくいっているの？」と相談し、本当に勉強で悩んでいた場合は、一緒に勉強をするように促したり、相談相手になってもらうようにお願いします。

とにかく1年生の1学期は初めてのことばかりで不安です。悩みを相談する相手がいれば、それで解決するようなことも多いのが事実です。担任だけでなく、教科担当の教師、部活動の顧問の教師、その生徒の仲間とのパイプをつくり、連携することが問題解決の最善策だと思います。

10 生徒の別の顔を見る〜夏休み〜

(1) ちょっと一息つける夏休み

　約1か月、クラスの生徒と会うことはなくなる期間です。入学式準備から毎日毎日何かに追われるようにめまぐるしくいろんなことがあり、月曜日には「もう1週間が始まってしまった」と思い、週の中頃は「まだ水曜日か」と思っていたと思うと、あっという間に1週間が過ぎてしまう日々を過ごしていたことでしょう。

　仕事の積み残しは日々増えていき、次の授業準備を空き時間にしたり、テストを作ったり、採点したり、成績を出したり、本当に間に合うんだろうかという、まさに「自転車操業」の4か月を過ごしたことと思います。

　終業式が済むとSHRもなく、授業もなく（補習はあるかもしれませんが）、放課後の清掃もない約1か月が来ます。ちょっとは息をつきたくなりますよね。

　それはもちろん、新入生だった生徒も同じでしょう。毎日毎日新たな情報が降って湧き、やらねばならないことが増えていき、朝起きるのがつらく、放課後帰りも遅い。勉強しなけりゃ赤点だと言われ、追いまくられて生活していたら息もつきたくなります。

(2) 授業日とは違う生徒の姿

　そんなちょっと学校から解放された姿を見に行きましょう。担任と生徒の関係からちょっと離れたところで会う生徒は、きっと違った顔をしていると思います。と言っても家庭訪問をするわけではありません。学校内を散歩すればいいことです。部活動で登校している生徒を見に行ったり、大会や発表会が学校外の会場で開かれていたりします。そんな様子を見に行ったら、2学期が始まったときに「○○の大会でがんばっていたね」と声をかけられます。生徒は、担任の教師が足を運んで見に来てくれたのかと嬉しくなるはずです。担任としても、1か月も生徒に会わずに2学期の始業式に久しぶりに

対面するよりも，互いに学校生活を取り戻す「リハビリ」になるのではないでしょうか？

(3) 夏休みの終わりに

　成績不振の気になる生徒を夏休み最後の1〜2日呼び出して，教室で夏休み課題を完成させるのもいいかもしれません。前任校では学年をあげてそういう機会を設け，2学期にスムースに入れるようにしていました。学年でできないのであれば，受けもちのクラスだけでもやってみるといいかもしれません。クラス全体にも呼びかければ，きっと成績不振の生徒だけではなく，学習意欲の高い生徒もやって来て宿題をする雰囲気をあっという間につくってくれて，成績不振の生徒もやらざるを得なくなるかもしれません。

　生徒も教師も始業式にフル回転しなければならないので，その前に半日ほど生徒に接することもでき，リハビリになるかもしれません。また，気になる生徒の顔を事前に見ておくことで，もしその生徒に何か変化があったとすると，事前に情報を仕入れることができ，余裕をもって対処できるはずです。

2学期（含む冬休み）

1 始業式〜夏休みの成長や変化を見逃さない〜

(1) 全員の出席確認

　約1か月ぶりの生徒との再会です。生徒は全員登校しているでしょうか？ そこが一番気になるところです。朝のSHRで連絡なくいなかった生徒にはすぐに電話連絡しましょう。まだ寝ているかもしれませんし，始業式だと気付いていないかもしれません（今までそういう生徒が数人いました）。一昔前は9月1日が始業式のところがほとんどでしたが，今は同じ地域の高校でも始業式はまちまちです。保護者も今日が始業式と気付いていないかもしれません。始業式は全員元気な姿でそろってほしいものです。

　2学期最初にあるLHRでは，クラスみんなが互いに存在を確認するため，「夏休みの出来事」スピーチをします。夏休みに何があったか1分くらいでスピーチしてもらいます。スピーチの内容が面白くなくても全然構いません。その生徒が元気でいるということを，本人が声を出してみんなに伝えることが目的です。中には，部活動の大会で他県に行って面白い経験をした生徒もいます。特別な経験ですのでそれを語ってもらいます。そしてもし欠席の生徒がいたら，「今日は欠席」ということをみんなに認識してもらうためにも行います。クラスのみんながみんなのことを確認するという機会が，夏休み明けには必要です。

(2) 夏休み課題提出状況の把握

　夏休み明けの大きな問題として，生徒たちは夏休みの課題を提出できているのか？ということがあります。夏休みの課題はかなりの量があります。1学期の成績が不振な生徒は得てして課題を提出しません。このような課題は，普段の授業での成績を挽回するいい機会なのですが，その課題を提出しないということは，成績不振に追い打ちをかけることになります。担任としても何とか提出させたいと思います。担任が受けもっていない教科の課題もです。それをチェックするには，夏休み前に配られる「夏休み課題一覧表」のプリントを担任が保管していなければなりません。

　ちょっと昔の高校の担任だったら，「勉強のことは各教科担当に任せておけばいい」という考え方の教師が多く，自分の担当教科以外の夏休み課題を気にもしない教師が多かったことでしょう。しかし，そんなことは言っていられない時代です。気にされなければ夏休み課題を放置してしまう生徒が自分のクラスにいるのは，もう1学期にわかっていると思います。

　「居残り」をさせて夏休み課題を完成させて提出させましょう。1学期に悪い成績をとった生徒がさらにつまずかないように，ここで学習するきっかけをつくりましょう。

　誰がどの課題を提出していないのか，かと言って教科担当の教師に1人1人聞いて回るのは大変です。担任一人ですべてを把握するのは困難です。ここでクラスの学習係を使います。「学習係は日々の課題を集めて提出する仕事だけではなく，クラスの学習状況を把握するのが務めだ」と伝えながら，各教科の学習係に協力してもらい，提出状況一覧を作成させます。そして提出していない課題がある生徒に，居残りをして課題をやるのか，居残りができないのだったらいつまでに提出できるのかを確認していきます。2学期になって初っぱなの努力目標は「夏休み課題全員提出！」と設定するのがよいでしょう。

(3) 日々の課題量

　話はそれますが，日々の課題（または予習量）も含めて，「課題量が適切なのか」ということを学年会議で話題にする必要があります。教科担当の教師は各教科で課題を出します。しかし，他の教科でどんな課題が出ているのかわかりません。担任もわかりません。全体を把握しているのは生徒だけです。生徒は「課題が多いな」と思いながら，それに対して不満を言う相手がいません。そんな不満を言ったとしても，課題が少なくなるはずがないと思っているからです。

　課題は多ければ多いほどいいというものではありません。人間が使用できる時間は有限です。毎日家庭学習に充てられる時間は，放課後遅くまで部活動をやっている生徒だったら，どんなにがんばっても２時間でしょう。睡眠時間を５～６時間に削ったら３時間くらいできるかもしれませんが，長続きはしません。

　そんな状況で課題が多くなり，こなせなくなると，生徒は手を抜く方法を覚えます。手を抜くと言っても課題を出さないということではありません。課題を出さないと教師に出すように言われ，それでも出さないと成績に影響するとわかっています。だから，課題をやったふりをするのです。簡単に言えば，答えを写してくるのです。すべてを写してすべてに○を付けてくる生徒もいますが，そんなのはバレバレです。姑息にたまにわざと間違えた答えを書いて，すべてを○にしてこない生徒もいます。

　私が担当していた現代文の毎週末の課題に関して，こんな例がありました。

　　現代文の課題では，記述問題が必ずあります。課題をチェックしていると続けて同じ解答を見ることがあります。10字程度の記述問題ならあり得ますが，50字，70字の記述問題で何人もの生徒が同じ解答を書いてくるということはあり得ません。

　　おかしいなと思って解答・解説の冊子を見ると，やっぱりその正答例と全く同じなのです。普段，記述問題を全く書かず，空欄にして×だ

> け付けて提出する生徒には「再提出」として返却していました。その結果，このように，正解をまる写しすることが起こります。

　これらはあってはならないことですが，本人だってこんなことをやっても力がつかないということはわかっています。それでもどうしてやるのかと言うと，課題の量が多すぎるからです。時間的に絶対にこなせないとわかるからです。教師としては「それでもがんばってやりなさい」とは言えません。学力を向上させるために出している課題が，むしろ学力低下を招いていることになっています。生徒の意欲と時間は無尽蔵ではないのです。教科担当の教師は他の教科の課題量がわからないから，調整ができないのです。

　生徒しか把握できない日々の課題を調査して，「こんなに多いのだから，各教科担当の教師に課題量を調整してもらうように配慮しよう」ということを学年会で話し合うことで，改善を試みることができます。学年の担任団に課題を出す各教科の教師がそろっていれば，これから配慮すればいいことですし，いない場合は，学年主任の発議で配慮してもらうようお願いするのがよいでしょう。

2 教科担任との調整

(1) 生活の「慣れ」から来るトラブル

　2学期中頃になると生徒はようやく学校に慣れてきます。慣れてくるのはいいけれど，1学期にもっていた緊張が緩み，だらけてくることもあります。だらけてくると授業中の態度が変化してきます。授業中に寝る，私語をする，教科担任の教師への不満から，その教科を勉強しない，発言するときの態度が悪くなるなどがあります。

　ちょっと勘違いしている教科担任の教師は，そのようなときに担任に文句を言ってくることがあります。「おたくのクラスの生徒はやる気がない。態度が悪い」と。「クラスの態度が悪いのは，担任の責任，担任から生徒に注意を促してほしい」という考えなのでしょうが，「その授業の時間の責任はその授業の担当の先生の責任だよな」と思いながら，「うちのクラスの生徒がそんなことをしてすみません」ということを表面上は言わなければなりません。「何でもかんでも担任に言わないで下さい。あなたの授業でうまくいかないのは，あなたのやり方が悪いんじゃないですか？」と言って，ことを荒立ててもクラスの生徒のためにはならないからです。そのように謝りながら，その教科の授業でどんな状態なのかを担任は把握しなければなりません。まずは，級長や副級長から話を聞き，態度が悪いとされる生徒からも話を聞かなければなりません。

　あるときにはこんなトラブルがありました。

> 　ある教科の教師が，2学期になったら急に怒り始めました。「今までは優しく接していたが，おまえたちは勉強する気がない。だからこれから厳しくやっていこうと思う」と宣言し，生徒に当てて答えられないと高圧的に「こんなのもわからないのか！」と怒鳴ったり，「こんなのもできないで大学進学希望なんて聞いてあきれる」と罵倒したりし始めたというのです。クラスの生徒からは不満の声が，私の耳にも届き始めて

いました。教師がそんな態度だったら生徒の態度も悪くなるはずです。おびえる生徒，不満をもつ生徒，さまざまです。そんな中，その教師から「先生のクラスはやる気がないねぇ」ということを言われました。

　いったいどんなことが起こっているのかと思い，事情を生徒から聞きました。クラスの成績が悪いのは担任としてはどうしようもできないのですが，教科担当とクラスの仲が悪化していればその教科の成績の改善は望めません。関係の修復に努めようと思いました。

　生徒には「わかった。みんなの言いたいことはわかった。急に厳しくなったのには，○○先生にも○○先生の意図があるのだから，それを聞いておくから，もうちょっと待ってほしい」と伝えました。「君たちの意見は汲んだよ」というメッセージです。そして教科担当の教師への対応策を考えました。急に厳しくなったということは何かきっかけがあったはずです。その教科の別の教師に，何かあったのだろうかと聞いてみました。そうすると，私のクラスともう1つ，その教師がもっているクラスの成績が他のクラスに比べて低いという指摘が教科会議であったそうです。指摘され，責任を厳しく追及されたそうです。その結果，その先生はクラスの生徒に厳しく当たり，厳しくすれば勉強して成績が上がるだろうと思い込んだようなのです。

　怒って「勉強しなさい」と言っても，生徒はおびえたり反発したりして全く効果がないのは明らかです。それをやめさせなければなりません。かと言って，その教師の非を指摘しても，今度はその教師が反発するだけです。だからやんわりと指摘しました。「何だか先生が最近急に厳しくなって，恐がって私に訴えに来ている生徒もいます。熱心に成績を上げようとしてくれているのはわかるのですが，このままだったら保護者から学校長のほうにクレームが行くかもしれませんから，ちょっと抑えたほうがいいんじゃないでしょうか？まだクレームは来ていませんけどね」

ちょっと虚構を含めて，その教師にブレーキをかけさせるような言い回しだったのですが，クラスの生徒に対して怒鳴ったり脅したりという態度は改まったようです。

　教科会で，自分の受けもちクラスの成績の低さに対してプレッシャーをかけられたというのが原因だったので，上からのプレッシャーに弱い教師だったんだと思います。プレッシャーをかけられて，自分のプライドを守るために，生徒たちにプレッシャーをかけるという悪循環が起こったのでしょう。

　高校の教師は，自分の指導法（怒ることが指導法とは言えませんが）にプライドがあります。小・中学校のような校内研修はほとんどのところでありませんし，各教科での研修もありません。自分の授業に関して意見をもらう，または自分の授業を他の教師に見てもらうというシステムが学校でできているというところはほとんどないでしょう。だから，独自に研修を積まなければなりません。

　さまざまな経験をもとにしたり，自らが勉強，研究してその指導法に行き着き，その指導法によって発揮される効果を期待しているのです。期待される効果を理解しようとしないで，授業内容や指導法に対して批判されると反発をします。だからその事情を汲んで，プライドを壊さないように対応しなければなりません。担任は教科担当の教師の顔も立て，生徒の意見も汲むという中間管理職的な関係調整をしていかなければなりません。

　最近は，特に「学力」をペーパーテストの点数としか捉えられない管理職や教師が増え，点数さえ上がれば何をしてもいい，点数がすべてと思っている人がはびこっているのが現実です。中には大学入試模擬試験の偏差値が授業のよし悪しを計るものだと思っている人もいます。

　先に挙げた教師は，初めは，自分の受けもつ教科を好きになってほしいという思いで，厳しいことはあまり言わず，楽しく授業をやっていきたいと思っていたそうです。しかし，周りに成績のことばかり言われ，節を屈して厳しく方向転換したと後で聞きました。本当の「学力」とは何か，われわれはきちんと踏まえなければなりません。

3 他の教師に割り振る

(1) 何でも担任に頼ってくる生徒たち

　生徒との人間関係ができてくると，生徒は何でも担任に言ってきます。「数学の問題集をなくしたんですが，どうすればいいですか？」，「体操着のシャツをもう1枚買いたいのですが，どうすればいいですか？」，「部活動を休むと，顧問の先生に伝えて下さい」と。中には保護者が欠席連絡で電話をかけてきて，「部活動も休むので，お伝えください」なんて言ってきます。欠席かどうかはクラスの生徒がわかるんだから，その生徒が伝えればいい話です。

(2) その教師のところに行かせる

　どうして担任の自分にそんなことを言ってくるのか？と思うようなことを何でも言ってきます。もちろん担任の教師に何でも言いやすいから，頼りたくなるから，いつもそこにいるからということだと思います。でもそんなときに，はいはいと何でも引き受けていたら担任の身がもちません。しかもどうやって体操着を購入すればいいのか，問題集を購入すればいいのか，担任の教師は他教科のことは全くわからないのが現実です。

　そんなときには「私は数学の先生じゃないからわかりません。数学の先生に聞いてみたら？」と，直接の担当の教師のところへ行くように促します。きっと，そのように何でもかんでも担任に言ってくる生徒は，まだその担当の教師との人間関係ができていないから，その教師に言いにくいということもあるのでしょう。しかし，いろんな人と関わることも人間関係づくりの第一歩で，自立を促すことになります。担任との人間関係が密接になってきたら，あえて拡散させて，その生徒の人間関係を広めるように促してみましょう。いろんな人と折り合いをつけられる力をもってほしいからです。

4 2年次からのコース，選択科目選択決定時期

(1) 1年生のこの時期から進路を考えるのは？

　2年生から専門コースに別れる学校も多いことでしょう。普通科だったら文理コース，工業や商業などの専門科だったら，機械科，建築科，情報処理科，ビジネス科などです。基本的に，決定したコースは途中で変更ができません。2年，3年とそのコースで学ぶことになります。そして，そのコース決定は1年生の10月～11月にかけて行います。つまり，将来の進路決定を決める選択を1年生の2学期に行わなければならないということです。

　きっと，1年生のこの時期に卒業後の進路のことを考えなければならないのは，生徒本人にしては「せっかくやっと高校に入ったばっかりなのに，もう卒業後のことを考えなきゃいけないの？」と思うことでしょう。実は，次年度の教科書を発注するための第1次調査がこの時期なのです。また，選択科目がある場合，その科目で開く講座数を確定し，教員配置に影響があるからなのです。だから学校側の手続きの関係上，この時期に2年次以降のことを決めなければならないというのはおわかりでしょう。もちろん3学期に微調整は可能ですが，この時期から調査をしないと間に合いません。

　そのためには，面談を重ねる必要があります。1学期当初の面談とは違い，腰を据えて，進路のことを考えさせる面談になります。ですから教室でちょこっと，ということにはならないでしょう。それに進路に関することですので，保護者との面談も必要になります。生徒本人の希望を保護者は知っているのか，保護者は承諾して応援しているのかということがとても大切です。

　コース，科目選択の最終決定は，保護者の同意が必要になります。間違いをなくすためにも，なるべく保護者と面談して確認をとる必要があるでしょう。

⑵　ダブルチェック

　事務作業の手順として，コース，選択科目をデータ入力してそれをもとに教科書の需給調査や２年次のクラス決定が行われます。学年の教務係や，情報処理係が用意した表計算ソフトのワークシートに入力していくことになるでしょう。

　そのデータはとても大切なものですので，入力間違いがあってはいけません。教師のデータ入力ミス，生徒本人が選択した科目の勘違いなどは，私の高校教師経験でどちらもありました。生徒が提出する科目選択用紙には，保護者の署名と押印が必須になっていると思います。保護者の同意の上で決定しているという重みをもたせるためです。

　ですから，データ入力をした結果をプリントアウトして生徒に確認させるなどのダブルチェックをするのがよいでしょう。決して担任だけでチェックをしてはいけません。私は，生徒名簿に選択した科目が記載された一覧を授業中やLHRに回して，間違っていたら赤ペンで訂正し，間違っていなければ，名前に〇を付けなさいとしました。

　もしかしたら，自分の選択科目を他の生徒に知られたくないという生徒がいたとしたら，一人ひとり呼んで，本人に見せてチェックさせる必要があります。

　このように，手をかけて確認するのは，進級してから，「自分はこの科目を取ったつもりなのだけれど，名簿に名前が載っていなかった」なんてことはあってはならないことだからです。その科目を履修できなかったことにより，志望大学受験の資格がなくなることもあり得ます。その生徒の進路が狂うことになってしまいます。ですから，生徒自身の学習や，進路に直結するような大切なことは，複数の目でチェックするダブルチェックを心がけるようにしましょう。

5　2学期期末考査

◆　1学期の成績の挽回は2学期で

　2学期の成績で，1年生の成績がほぼ確定してしまいます。もちろん3学期に挽回が可能ですが，1学期成績不振で，2学期に立て直せなかった生徒は，3学期になってから挽回するのはとても難しく思えます。2学期中間考査の結果はどうだったのか，夏休みの課題，日々の課題は提出されていたのかを本人に聞かなければなりません。もしそれも改善されていないようでしたら，2学期期末考査前の「居残り」学習の時間を1週間ほどみっちりとって勉強させなければならないでしょう。とにかく危機感をもたせなければなりません。

　高校は，勉強して単位を取得しなければ，「楽しい学校生活」というのは過ごせません。日々，「進級できるのか，卒業できるのか，高校を続けられるのか」ということを考えて過ごさなければならなくなるのです。4月当初の新入生の不安要素「勉強についていけるのか？」というのは，ここにつながってきます。第2章1節「5．勉強の仕方の「先輩」になる～中間テスト～」で書いたようなことを挽回のチャンスだと思って，もう一度伝えましょう。ここで「高校生の学習習慣」が必要であるとわからせることによって，中学生の学習からの脱却をさせます。脱却できた場合は，2年生になってからは「居残り」をしなくてもよくなるはずです。

　しかし，ずるずると何もしないまま3学期になってしまうと「単位認定試験（追試）」対策になってしまいます。生徒にとっても担任にとっても，とてつもないプレッシャーがかかります。この2学期で何とかがんばらせて，3学期につなげましょう。

6 冬休み

　冬休みはあっという間です。学校の仕事に関してはほとんど何もすることができません。年末年始，学校閉鎖が行われる場合は，校舎には入れませんし，それを除いたら出勤できる日は5日もないでしょう。3学期の授業準備もあるでしょう。年を越したらクラスの準備もしなければなりません。ですから，「この仕事は冬休みにやることにしよう」と先延ばしにすると，思ったよりも時間がとれなくて焦ってしまうということになります。

　だから，リフレッシュのために「年末年始は仕事をしない」とか，「旅行に行く」とか，せっかくのまとまった休みがとれるときなので，休むのも1つの手です。休むときは休まないと，教師という仕事は，いつになっても仕事に追われてしまいます。がっつり休んで楽しんだら「あんなに楽しく休んだのだから，これからがんばろう」という気持ちが湧いてきます。年末年始は旅行に出かけるとどこも混むし，値段も割高になっています。しかし，ここでリフレッシュしなければどこでできるのでしょう？私が過去に行った海外旅行は，ほとんどこの年末年始でした。家族で行くとなると年末のボーナスがほとんどなくなりましたが，それでも今から考えると行っておいてよかったと思います。本当にそのときでなければ行けなかったと思います。

　だらだら休みもせずに仕事を持ち帰り，プライベートもない状態ですと，そのうちやる気が失せてきます。「明日の活力のために今日休む」というのも立派な仕事術なのです。

　それでも年末年始に旅行に行くとすると，どこも混んでいて，リフレッシュにならないかもしれません。それでも，学校から離れるだけでもリフレッシュになるはずです。学校や生徒のことを一時期忘れてみることも必要です。

3学期（含む春休み）

1 1年生のゴールに向けて，成長を実感させる（勉強，進路，仕事）

　担任は年度末までに指導要録を書かなければなりません。生徒一人ひとりの学校での教育活動の記録です。クラス全員の生徒の細かい記録（部活動成績，資格，検定結果，行事での役割など，すべての記録をとっておくことは，多忙な担任の仕事の中で行うのはとても難しいことです。また，記録をとっておいたとしても，部活動の成績はこの資料，体育祭の仕事一覧はこの資料と散在している資料を引っかき回さなければなりません。これは非常に繁雑な作業になります。指導要録は一人ひとりについて書かなければなりませんので，生徒個々についてまとまっている資料があればと思います。

　そこで，生徒のことは生徒に尋ねればいいということで，LHR時に指導要録を書く資料を書いてもらいます。このときに各生徒が自分の1年間を振り返って，自分の活動や成長の記録を見つめ返せる時間とするのがよいでしょう。

　次ページのようなプリントを配り，各項目を書いてもらいます。重要なのは，その係や役割で自分の力をどのように発揮したのかを書かせることです。資料を作ってもらうと同時に，自分の1年次の活動の振り返りになります。

　中には，仕事には就いていたけれど，通り一遍の仕事しかせず，意欲的に取り組めなかった生徒もいることでしょう。それはそれで振り返ることに意味があります。1年生のうちから何でもかんでも完璧にできることはありません。「自分はクラスのためにまだ貢献できていなかった」と感じさせることで，これから自分のどんな力を成長させればいいのか自覚できます。

１年間のふりかえり

〇年〇組＿＿＿番　名前＿＿＿＿＿＿＿＿＿＿＿＿

１年間をふりかえり，以下のことを記入しましょう。記入内容は学校公文書を書く際の参考とします。特記事項には，記載してほしいことを具体的に記しましょう。

1．進路希望	卒業後の進路先を具体的に書くこと。（学校名・学科名・会社名・所在地など）	
	進路実現のために今すべきこと	進路実現のために４月からすべきこと

	項　目	特記事項（大会成績やがんばった点など）
2．生徒会係名		
3．クラス内係名		
4．所属部活動名		
5．校外活動など		
6．好きな教科 がんばった教科		
7．２年生で取得した資格・合格した検定（級）		
8．総合的学習の時間について	〔学んだことを具体的に書く〕	
9．特別活動	体育祭での係・仕事	文化祭での係・仕事
	その他，学校行事，特別活動についての特記事項	
10．クラスについての感想		
11．あなたがクラスに貢献したこと		
12．自分のよい点		
13．この１年間で最も学んだこと		

2 クラス替えの準備　生徒同士の人間関係を見取る

　高校ですと，コースによってクラス替えがないところもあります。専門高校ですと，コース別で3年間決まったクラスもあるでしょう。普通科の場合は2年次からのコース分け，文理分けなどでクラス替えが必要になります。生徒のコースや科目選択によってクラス分けがなされるわけですが，クラス分けに向けて，可能であれば配慮しておいたほうがいいことがあります。

　それは生徒同士や生徒と担任との相性です。いじめがあったり，いじめとまではいかなくても，嫌な関係性があった場合は，その生徒同士が同じクラスになるのを避けたほうがいいでしょう。また逆に，引っ込み思案な生徒だけれど，いつも一緒にいる生徒がいることで，周りとの関係性を保てる間柄だったら，選択科目の関係で，可能であれば一緒のクラスにしたほうが理想的です。単に仲よしということで決めるのではなく，一人になった場合，新たに周りとの関係性を保ちにくい生徒には特別の配慮が必要です。その配慮がなく，1年生のうちは元気に登校していたけれど，2年生になって急に学校に来られなくなるという生徒をかなり見てきました。

　また，担任と生徒の相性も，ある程度配慮ができるのであれば学年の担任団が認める限りしてもらったほうがいいと思います。単に合う生徒なのか合わない生徒なのかということではなく，一度激しくぶつかった後，その生徒が教師の話をほとんど聞く耳をもたなくなってしまった場合は，その関係は，毎日教室で顔を合わせれば毎日思い出して，修復が難しいと思います。クラスを別にして一度冷却期間を置いたほうが，うまくいく場合もあります。自分を好いている，自分が気に入っている生徒だけを集めるというのは問題であり，担任，生徒双方の成長がありません。しかし，この場合のように，冷却期間が必要な生徒には配慮されてもいいと思います。

3 進級に向けての追い込み　さまざまな人と連携して居残り補習

　単位不認定者への対応は，各学校によって違うでしょう。単位制の高校では，そのまま進級させ，次年度に追認考査があったりします。日本でもっとも数が多い，学年制を敷いている高校では，年度内に単位認定，不認定を決着させるために，終業式の前後に追認考査を行います。1学期，2学期と「高校の勉強」に切り替えられずに成績不振になった生徒には，特別な対応が必要です。

　第2章1節「9．厳しい現実〜期末テスト〜部活動と勉強の両立」に書いたように，居残り補習をしたいと思っても，この時期は高校入試があって生徒は学校に入ってくることもできない日も多いです。ですから，保護者に連絡をとり，厳しい現状をわかってもらい，家庭学習を促すようにしてもらわなければなりません。また，その生徒が部活動に入っているのでしたら，顧問の教師と打ち合わせて，部活動の練習を免除してもらい，追試の勉強に専念させなければなりません。また，顧問の教師からも追試の勉強をがんばるようにと声をかけてもらうようにお願いしましょう。

　とにかく，周りの教師や保護者など，たくさんの人が気にかけているんだということを見せることによって，「目の前の壁に立ち向かわなければならない」と思わせなければなりません。追試を受ける人は，定期考査と違って少数です。「周りの生徒と協力して」ということは難しいです。プレッシャーにならないよう配慮して，みんなが声がけをする雰囲気をつくりましょう。

　これは，1年生の生徒の例ではないのですが，3年生で卒業間近な生徒が，出席時数が足りなくなって補講を受けることになりました。ところが，その補講にもなかなか顔を出せなくなりました。そこで学年と担当教科の教師，校長先生も協力して，補講の前に校長先生のところに担任と挨拶に行き，補講が終わったら担任の教師と校長先生のところに報告に行くという形をとりました。このように「大げさ」にすることで「みんながあなたのことを心配している」という雰囲気をつくって，補講を完了させたのです。

4　通知表

(1) 素っ気ない高校の通知票

　高校の通知票は，小・中学校に比べて担任が所見を書く部分が少ないという学校がほとんどだと思います。少ないどころか所見欄が全くないという学校も多いでしょう。評定（100段階または5段階）と出席状況だけをプリンターで打ち出して，用紙1枚だけというところもあります。担任としてはとても楽で，印刷して確認して押印して生徒に配るだけです。小・中学校のように，通知票に所見も書くとなると，成績を出したり，会議もあり，補習の準備などで多忙な学期末に，さらに仕事が加わり，通知票を終業式の日に渡すことができなくなるかもしれないという不安があるでしょう。また，所見欄をなくして書く手間を省いたという学校側の配慮なのでしょう。

　しかし，私はあるとき気付きました。高校の通知票はなんて味気ないものなんだろうと。どうして気付いたのかと言うと，自分の子どもが小・中学校のときもらってくる通知票を見たときです。教科の評定に加えて，観点別評価があります。そして所見欄があります。その観点別評価と所見を読んで，子どもと対話ができます。「〇〇はがんばったんだね。△△は次しっかりやろう」というように。所見を読んで，自分の子どもの担任の教師は，自分の子をこのように見てくれていたんだなぁと感謝することもできます。

　小学校，中学校の先生方は，通知票の所見欄を書くのに2～3日かかりっきりになると聞いたことがあります。終業式前の休日はそれでつぶれてしまうようです。高校教師の私としては想像さえできなかったことです。生徒一人ひとりに対してコメントを書くというのは，大変な作業ですし，ありがたい仕事だと思いました。

(2) 一言コメント

　そのことに気付いた後は，一言でいいので，コメントを書くように心がけました。プリントアウトした用紙に手書きで書くのです。「体育祭では○○の係を担当して△△を助けました」とか，「国語の授業では○○の授業のときに上手に発表しました」とか，何でもいいです。1行で書き加えました。それを見た保護者や生徒は，通知票から数字だけではない別の面の評価も読み取ってくれることでしょう。

　でも，一人一言のコメントを通知票発行ごとに考えるのは，慣れないととても大変なことです。これをやり始めて，小・中学校の先生は毎回大変な思いをしてやっていたんだなぁと驚きました。大変なことですが，とても大切なことです。一人ひとりの顔を思い浮かべてコメントを考えなければなりません。しかし，それが生徒理解につながるし，普段生徒の様子を注意深く見ることにもつながります。

　私は学期ごとにコメントを書くことを心がけました。そのためには，コメントを考える時間をつくらなければなりません。それは自習監督の時間や，定期考査監督の時間，会議などで職員全員がそろうのを待っている時間などのすきまの時間です。プリント1枚にクラスの生徒の名前が書いてあって，そこにメモをしていくだけです。そうすると特別に時間を設けなくてもあっという間に埋まります。それをもとに通知票に書いていくだけです。慣れてくると案外楽にできることですし，生徒の今までの活動を思い浮かべることは楽しいことでもありました。

　そして通知票にコメントを記入するもう1つの利点は，年度末に書かなければならない指導要録の所見の資料になるということです。ですから，考えたコメントは，このためにも必ず残しておきましょう。

5 進級式

　「進級式」と言っても特別なことをするわけではありません。終業式の最後のLHRで今までのことを振り返って，みんなの成長を各自が確認する時間です。時間がふんだんにあれば，一人ひとりみんなに向かって一言ずつ言ってもらう機会を設けるのもいいでしょう。1年生のクラスというのは思い出に残るものです。みんな同じスタートラインで一緒に不安になって，その不安を乗り越えて進級するのですから，「戦友」のようになるのかもしれません。担任としても，1年生に受けもったクラスの生徒たちがずっと仲がいいというのはとても嬉しいものです。

　しかし，この「クラスでよかった」と思ってもらえることは，担任としては幸せですが，2年生になっても「あのクラスがよかった」と思われるのは失策です。1年で学んだこと，成長したことを次のクラスで生かせるようになったら，1年生の担任としての職務を果たしたことになるでしょう。

　最後の担任からの話でこんなことを言いました。

　皆さんはこのクラスで，「自分たちの集団は自分たちで決めて，自分たちで運営する」ということを学んできました。入学したての慣れない時期から，がんばって仲間づくりを行って，クラスづくりも行ってきました。これでクラスはばらばらになってしまいますが，みんながこのクラスで学んだこと，いいなと思ったことは，ぜひ次のクラスでもやってみて下さい。そうすればこの学校がもっとよくなっていきます。

　それから，来年度授業で私が担当しないクラスもあるかもしれません。そうなるとあまり会えなくなります。それでも挨拶してくれたり，元気に登校していれば，私としては誇らしく思えます。みんなのそれぞれのクラスや，それぞれの場での活躍を期待しています。

　そしてみんなの進級のお祝いを兼ねて，最後は一本締めで解散しました。

第3章 2年生

中だるみをどう乗り切るか

> 安心すると心が緩むのは誰にも起こります。ここからゴールまで引っ張っていくのが担任業の醍醐味です。どんな仕掛けをすれば，生徒たちのハートに火をつけられるでしょうか。1つの仕掛けではみんなのハートに火はつきません。いろんな仕掛けを考える楽しみがあります。

　2年生は，指導する上でちょっと難しい学年です。1年生の緊張感からは解放され，かと言って進路を決める就職試験や入学試験はまだ先のことと思っている時期です。気が緩んで，生活も緩む時期です。いい意味で余裕がある時期ですので，じっくりと腰を据えて取り組める時期とも言えます。

　また，クラス替えを行っている場合は，クラスの文化を1からつくっていくことになります。1年生の4月当初に行ったことを丁寧にやりましょう。それでも1年生に受けもった生徒が数人いるだけで，担任の意を汲んでその文化を伝えてくれるから，とても楽です。「わからないことは〇〇さんに聞いて下さい」と伝えれば，「仕事でつながる」ことができ，人間関係づくりも簡単になります。

　2年生には，学校行事としてもっとも大きな活動「修学旅行」があります。自分の慣れ親しんだ地域からずいぶんと離れて，それでいて毎日顔を合わせている学年全員で学校の活動をするという「非日常」を体験します。環境が変わっても，クラスで培った文化をもとに行動できるのかが問われます。環境が変わるから，トラブルが必ず起こります。そのトラブルにどう対処するかという学級の力も試されます。

　また，進路を決める試験はまだ先ですが，1年次と同じように2年次の秋頃にはコースや選択科目を決める時期が来ます。きっと，修学旅行後すぐに決めることになるでしょう。そう考えると，担任としても，進路に対する意識付けは1学期からやっておかなければならないとわかってくるでしょう。

1学期

1 目標：結果の責任は自分でとる

　1年生では，中学時代の生活を引きずっている生徒も多いことだったでしょう。中学時代には，保護者や教師という身近な大人からさまざまなことを先回りして言われています。「忘れ物をしないように前日のうちに確認しなさい」，「早く出ないと遅刻しちゃうよ」，「どうせ忘れるんだから，今のうちに宿題やっちゃいなさい」など。その延長で1年生のときも言われていたと思います。でも，いったいいつまで言われるんでしょう？周りの大人はいったいいつまで言い続けるんでしょう？いつになったら一人でできるようになるのでしょう？もしかしたら，周りの大人が言わなくなったらできるようになるのかもしれません。

　設定した高校卒業時のゴール像は「われわれの将来を任せたい立派な市民」です。周りの大人からいつも「転ばぬ先の杖」のような言葉が投げられていて，「立派な市民」となれるのでしょうか？「だって，いつになったらしっかりできるのかわからないから」という声が聞こえてきそうですが，細かいことを周りの大人が先回りして手助けしていたら，自分で危険を回避する力なんてつくはずがありません。学校内でのちょっとの失敗なんて，取るに足りないことです。いつでも取り返しがつきます。われわれ教師は今，自分の置かれた状況でどのように振る舞うのが最善の方法か生徒自身に考えさせることが重要です。

　以前，クラス目標について私が考えていた時期に「選択→結果→責任」というものに決めたことがあります。

> いつ，何をどのように決めるのかは自分たちで行い，それから生じた結果は，よかった場合でも悪かった場合でもすべて自分たちで引き受けなければならない。

というものです。周りの大人が口うるさく言って行動を促すということは，自分（たち）で「選択」していないので，その結果を周りの大人に責任転嫁してしまいます。だから自分で決めさせるのです。「何も言わずに放置する」のではありません。「どうしたらいいと思う？」と自分（たち）で決めるように「決断を促す」のです。その機会を設けることで，自立した大人に育っていきます。手助けするのは，「助けて」と言われたときにすればいいだけのことです。助けを求める判断も立派な「判断」です。「困ったとき，助けてほしいときはいつでも伝えて下さい」と常に伝えることも重要です。「放置」されているわけではないというメッセージになります。

(1) 失敗できる場

　教師の仕事の1つは，「失敗できる安心，安全な場をつくる」ことです。失敗させないことが仕事ではありません。「失敗できる安心，安全な場」とはどういうものでしょうか？私が考えるものは，以下のものです。

> ○失敗してもやり直す機会が保障されている。
> ○失敗しても笑われない，失敗が当たり前の環境になっている。
> ○失敗の原因を探れる十分な分析ができる情報を得られる。

　こういう環境づくりが，教師の仕事で重要になります。

(2) 失敗してもやり直す機会の保障

「やり直す」ということは「再チャレンジ」できるということです。「再チャレンジ」の保障には，意欲，時間の保障が必要です。

再チャレンジをしようとしても，一度の失敗を叱責して，もう二度と手を出したくないと思わせてはいけません。教師も親もそうですが，余裕がないときに叱責をしてしまいます。時間的にもう間に合わないというときに叱責してしまいます。叱責したらやる気が出るのかと言うと，全くそんなことはありません。「次は怒られないようにうまくやろう」と思う生徒は希です。「怒られるからもう手を出さないようにしよう」となります。

したがって，次に行う「意欲」をそがないように，「次はどうやればうまくいくと思う？」と考えさせて，次の「機会」への期待を示します。

生徒指導面で問題を起こしたときに，叱責して指導終了にしてはいけません。生徒はうなだれて反省している表情をしたとしても，次に同じような状況になったときにまた同じことをしてしまいます。だから，「次はどんな行動をとったほうがいいと思う？」と自分で考えさせます。二度と同じ問題行動をしないための，別の行動を考えさせるのです。

時間の保障ですが，「締め切り」をあらかじめ余裕をもって設定しておくということです。なかなか難しいことですが，子どもは必ず失敗します。それを見越して，その後にやり直す時間を確保した「締め切り」が必要になります。

文化祭の準備作業をしたとしましょう。退校時間は○時と決まっています。その退校時間ぎりぎりに作業完了の締め切りを設定したとしても，そこでうまくいかなかったら退校時間になりますので，やり直しの時間がとれません。「退校時間の30分前にチェックしに来るから，あらかた作業は完了しておくように」と伝え，チェックの時間で作業完了だったらすばらしいとほめ，不備があったら残りの時間でやり直しさせます。「もう時間がないから先生がやっておく」では，子どもたちは自分でやらなくなります。

(3) 失敗しても笑われない，失敗が当たり前の環境

　授業を受けもつと，クラスによって雰囲気が違います。みんなが活発に自由に意見を出すクラスもあれば，発言を促しても小さな声でしか発言しなかったり，小さな声で私が聞き取れなかった場合，「え？声が小さかったからもう一度言ってもらえる？」と私が伝えても二度と口を開かない生徒が多いクラスもあります。

　後者のクラスは，わからないことや，間違ったこと，変なことを言うことが許されていないクラスです。誰が許す，許さないではなく，クラス全体でそういう雰囲気をつくっています。もしかしたら，子どもたちが間違わないように教師が絶えず指示をして，間違ったら叱責しているのかもしれません。

　これでは，子どもたちは自由な発言をすることもできず，授業中も失敗を恐れるあまり，意見も言えず，受身になることによって，学力も上がりません。

　担任のできることは，自分の失敗談を伝えたり，失敗したらすぐに認めたり，謝ったり，学習に関する生徒の間違った答えを受け入れたりすることによって，失敗が許される雰囲気をつくる必要があるでしょう。

わからなかったらボケろ

と，私は授業中に冗談で言います。発問をして，「わかりません」と言うのは，たいていは間違いの発言を恐れているからです。「ボケろ（冗談でもいいから何か言え）」と言うことで，間違いなのか，ねらっているのか，どちらかわからない雰囲気にします。生徒が笑いをとってくれたら，授業の雰囲気がよくなるので，クラスに貢献しているということです。でも，それほどボケてくれる生徒はいないのですが……。

(4) 失敗の原因を探れる十分な分析ができる情報を得られる

　失敗したら，その原因を失敗した本人が探し当てなければ，失敗した甲斐がありません。自分で探し当てず，周りの大人が伝えただけでは，それは本当の原因かどうか本人が納得できません。

　逆に自分で探し当てたとして，それが本当の原因ではなかったとしても，同じ状況に逢ったとき，同じ失敗を避けようと気をつけるはずです。もし本人が自分を振り返り，原因を探り当てる情報に乏しいのであれば，周りの大人が原因につながる情報を伝えることをします。

　例えば，気持ちの行き違いでケンカやいじめが起こったとします。生徒は自分本位に考えて，相手の言動を自分に悪いように捉えるということをよくします。そして自分の行動を正当化します。

> 　あなたがそのように受け取ったかもしれないけれど，○○さんが悪意があってやったとは限らないよね。
> 　あなたがあのようにSNSにアップしたら，それを読んだ周りの人はどのように感じると思う？

というように，生徒たちの言動を一歩引いて自ら考えさせることにより，自分がしてしまったことの意味づけを促します。生徒たちは「どのように周囲に見られるのか？」というのをとても気にします。それを考えさせる機会，情報を与えることによって，自分のしたことを客観視し，それではどのように行動すればよかったのか考えることを促します。

　意味を自分で見つけさせるのです。教師は，そうさせるための情報を示します。

 意味は自分で見つける

2 仕事づくりで関係づくり

　1年生の初めに行ったことを丁寧にやります。1年次のクラスでうまくいったからと言って，なおざりにしてはいけません。1年次に行ったように丁寧に「仕事でクラスに関わって，クラスのみんなに貢献しよう」と説明します。1人1役割以上をつくるのも同じです。

 係の仕事でクラスに貢献する

　級長の決定は，1年生のときの活動を見ているので適任者の目星はつけられるでしょう。私は最後の担任3年間で，連続して同じ生徒を級長にしたことはありません。同じ生徒だと互いによくわかっていて，こちらの意を汲んでくれてとても楽なのですが，新鮮味がなく，緊張感がないからです。また，担任と級長が近すぎると，クラスの生徒からは，「先生寄りで自分たちの級長ではない」と思われてしまうのではないかという不安があったからです。取り越し苦労かもしれませんが。本当に適任な生徒でしたら，連続して級長をしてもらって構わないと思います。そこのところは「直感」で決めていいと思います。

　今まで受けもったことがない生徒で，「この生徒が適任なのでは？」と直感で思ったのなら，その生徒を知っている信用できる教師に聞いてみるのがよいでしょう。その教師のお墨付きがあれば，安心して任せることができるでしょう。

　級長が決まれば，係の仕事決めも任せましょう。中には1年生のとき受けもった生徒がいますので，その生徒たちは自分たちから動いてくれるはずです。また，周りの生徒もその生徒たちにどういう仕事なのか聞くはずです。担任としては級長がどのように仕切っているのかをニコニコしながら見守るだけです。

3 早期に面談開始～不登校が一番多くなる時期～

(1) 初めて受けもつ生徒から面談

　クラスの体制が整ったら，早めに面談を開始しましょう。まずは２年生になって初めて受けもった生徒からです。授業でも担当しておらず，話したことがない生徒は真っ先にしましょう。そんな生徒は，担任の教師はどんな教師なのか一番不安に思っています。担任としても，話してみなければどんな生徒かわからないはずです。そして会話を交わせば，お互いに不安に思っていたことがちょっとは薄れていきます。まずは会話です。

　先にも書いた通り，２年次は指導が難しい学年です。そして問題が出てくる時期です。１年生のときに仲がよかった生徒と別のクラスになってしまった。学習成績が思うように伸びない。自分の進路希望を保護者がわかってくれない。部活動で選手に選ばれない。同じクラスで仲の悪い生徒がいる。勉強するのに疲れてしまった。体調がすぐれず休みがちになってしまう。学校の人間関係よりも学校外の人間関係のほうが楽しい。などなど，挙げればきりがありません。ですので，それらの「思い通りにうまくいかない」という状況を聞いてあげることが重要です。

(2) 答えを見つけるのは生徒自身

　面談で担任がアドバイスをして，そのアドバイスで何事もうまい具合に転がっていくなんていうことはほとんどありません。生徒が望んでいれば別ですが，担任が大人の視線で「勉強がんばれ」とか，「ちょっと我慢しろ」とか，生徒にとって「そんなことわかっている」という言葉を与えても，反発されるだけです。

　面談をして答えを見つけるのは生徒です。担任はさまざまな思いや情報を生徒の口から出させ，共感し，一緒に考え，結果的には生徒が答えを見つけるというカウンセリング的な手法をとるしかありません。担任は情報収集に専念して，「聞く」ということに専念し，「それじゃあどうすればいいと思

う？」と判断を促すことしかできないような気がします。だいたいの生徒は「どうすればいいか」わかっています。わかっていますが，それができない気持ちを，教師や保護者にわかってもらいたいのです。

 意味は自分で見つける

(3) 今のうちに面談で聞いておくべきこと

　その面談で悩みや不安を伝えてくるかもしれませんし，伝えてこないかもしれません。悩みがあった場合「どうすればいいか」を言える生徒もいるでしょうし，それが見つからない生徒もいると思います。とにかく，この面談でたくさんの情報を収集しておくと，後々トラブルが出てきたときにその情報をもとに対処することができるかもしれません。面談では，こんなことを聞いてみましょう。

- ○クラスの授業中の雰囲気はどうか？
- ○部活動ではどのように活動しているか？
- ○クラスでの仕事はどうか？
- ○一緒に帰ったり，昼休み一緒にいる人は誰か？
- ○進路はどのように考えているか？保護者はそれを知っているか？
- ○保護者は生徒の進路希望についてどのように捉えているか？
- ○クラスや学校で困っていることはないか？
- ○クラスのことで気になることはないか？
- ○何か担任に伝えておきたいことはないか？

4 問題が起こったら

(1) 問題は起こるもの

　まず，問題は必ず起こると思っていて下さい。子どもたちなんだから，問題を起こしながら大人になっていきます。問題を起こして，そこで学んで成長していきます。問題を抱えていない生徒はいないと思わなければなりません。それが大きくて表面化するか，小さくて内に抱えているかの違いです。

　家本芳郎さんは朝学校に出勤するときに，「今日はどんな問題が起こるかな？」とワクワクしながら行ったそうです[7]。問題が起こったら，教師の出番で，それが教師の仕事ということでしょう。そのような心構えをしていれば，問題が起こったときに積極的に対処できます。

　その対処のために，面談を早めに開始したほうがよいと前述したのです。面談をしてその生徒の様子をちょっとでも知ることにより，問題を起こしたときに当事者生徒が話してくれたこととつなげて考えることができます。

　もしかすると，面談時の情報をつなげて考えてしまうことは誤りかもしれません。しかし，全く情報のない生徒が問題を起こしたとき，担任の心の中で整理がつかなくなります。どう対処していいのかわからなくなります。少しでもその生徒の事情を知っていたほうが，落ち着いて考えることができるはずです。

(2) 周りに頼る

　不登校，発達障害のある生徒への周りの生徒の振る舞い，そこからの周りの生徒の不満，いじめ・盗難などの問題行動という担任一人では抱え切れないことが起こったときに，まずしなければならないことは，「周りに頼る」ということです。一人で対応を考えず，誰かに相談しましょう。いろんなことを話している隣のクラスの教師，学年主任，いつも頼りに思っている先輩の教師，それから信頼できるクラスの生徒も選択肢に入れて下さい。

　教室内のことを一番よくわかっているのは，いつもそこで過ごしている生

徒です。教室がどんな雰囲気なのか，誰がどんな行動をとっているのか，生徒の立場からの情報は生徒が一番よくわかっています。例えばクラスの生徒が不満を言ってきて，その問題があからさまになった場合，不満をもっている生徒がクラス全体にいるような印象を受けますが，不満をもっていない生徒はそのことを露わにしないのですから，わかりません。教室内すべてが不満に包まれているような印象を受けて，その不満を早急に解消しなければと思い込んでしまいます。そこで，生徒の視点から情報を伝えてくれる信頼できる生徒の話は重要になるのです。

(3) 対応を考える

　状況を把握したら，方針を決めます。一人ひとり全員に話を聞くのか，当事者だけを呼び出すのか，全体に話を投げかけるのかです。例えば，盗難の場合は，この行為は事情のいかんにかかわらず「悪いこと」とわかっているので，生徒指導部の手も借りて，一人ひとりに個別に話を聞くのがいいでしょう。担任としては認めたくないことですが，状況から見てクラス内に盗みをした生徒がいる可能性が高い場合は，盗みが行われたと思われる時間帯の状況の話を聞きます。これで盗みをした生徒があぶり出されることはないかもしれませんが，全員に話を聞くということで，必ず盗みをした生徒にも話を聞くことになり，次の悪事の抑止力になります。盗みをした生徒は「ちょっとのこと」と思ってやることなのかもしれませんが，「大事(おおごと)」とわからせることが大切です。そして，担任はクラス全員に向かって気持ちを語ります。「こんなことがあってとても悲しい。信頼関係を損なうようなことはあってはならないことだ」と。

(4) 個々の対応が全体に影響する

　発達障害をもっていて，自分の思い通りにいかないと攻撃的な振る舞いをする生徒もいるでしょう。グループ活動をすると，うまく話が伝わらなかったときにいらついて相手に嫌なことを言ってしまう生徒もいるでしょう。

　ある学校では，そんな生徒がいるクラスに対して担任から「うちのクラスではグループ活動を行わないで下さい。周りの生徒がストレスに感じて，勉強が手につかなくなります」と伝えたことがありました。しかしこれは間違った対応です。

　そんな対応をした場合，クラスの生徒はどう捉えるでしょうか？「困った同級生や不満に感じる同級生がいたら，担任が対処して，不満の原因を排除してくれる」と思うのではないでしょうか？「とりあえず生徒は大学に進学させて，後のことはそちらに任せたい」という問題先送りの姿勢がありありと見えます。

　担任は「この子たちが社会に出たときに，どのように行動できるようになってほしいのか？」を常に考え対応しなければなりません。社会に出たら，それぞれが互いに少しずつ主張をし，少しずつ我慢をして折り合いをつけてやっていかなければいけません。そのことを教室で語る必要があります。その発達障害の子は，意地悪で周りが嫌になることを行っているわけではありません。そうしてしまうキャラクターなのです。そのことをクラス全体で受け入れる必要があります。そして不満を言ってきた生徒，またはクラス全体に対しては，「あなたが社会に出たときに，そういう人に接したら，どう行動したらいいと思う？」と投げかけなければなりません。

 折り合いをつける力

そして，クラスでその子の面倒を見てくれそうな生徒は必ずいます。その生徒に，その子をちょっと見守ってほしいと伝えます。発達障害の子は，自分に肯定的な存在がいるだけで落ち着いていられます。

　加藤弘道さんらは，「荒れた」中学校が荒れを収束させた過程の研究で，校長先生が「障碍児学級を一番大事にしている」という次のようなインタビューを掲載しています[8]。

> 　とにかく校内で一番大事にしているのは障碍児学級です。基本に置いているっていうことを示さなければならない。普通学級の子が「障碍がある」って差別的なことを言ったりとか，そういうのがどっか根底に残ると，いじめとか，いろんな要素で暴力とかにつながってきちゃいますからね。

　それぞれの問題や生徒に対する指導は独立しているのではなく，互いに関連していて，生徒たちは，問題が起こったら，教師はどう対応するのか関心をもって見ているのです。

　もし，教師が「社会的弱者」を，学校やクラスにおいて特別扱いしたり，切り離したりして，「蚊帳の外」に置いてしまった場合，次に何が起こるのかと言うと，自分は学校やクラスにおける次の「弱者」だと思っている生徒が，「自分は次に特別扱いされたり，切り離されたりするのではないか？」と思ってしまいます。びくびくして学校生活を送ることになってしまいます。

　折り合いをつけて，すべてを受け入れるクラスをつくることによって，そういう生徒はいなくなります。問題が起こってこその「学習」があります。社会に出たらさまざまな人がいて，自分を含めるすべての人がさまざまな問題を抱えて生きています。その人たちと折り合いをつけて何とかうまくやっていく力をつけられるのが学校です。失敗したらやり直せばいいのです。

(5) いじめが起こった場合

　いじめが起きた場合は，当事者から事情を聞き，事実を確認します。そしていじめの行為自体を取り上げ，そのことはよくないことだと指導します。「いじめなのかいじめでないのか」という認定は問題にしません。いじめをしている当事者は「自分がしているのはいじめではない」と思いながらしていることが多いからです。いじめ防止対策推進法[9]が定義している「いじめ」は次のようなものです。

> 　「いじめ」とは，児童等に対して，当該児童等が在籍する学校に在籍している等当該児童等と一定の人的関係にある他の児童等が行う心理的又は物理的な影響を与える行為（インターネットを通じて行われるものも含む。）であって，当該行為の対象となった児童等が心身の苦痛を感じているものをいう。
> 著者注：「児童等」とは，学校に在籍する児童又は生徒のことである。

　簡単に言えば，いじめを受けた生徒が心身の苦痛を感じれば，すべて「いじめ」なのです。加害者の意識は関係ありません。

　いじめを行った生徒に対して，殴った，蹴った，持ち物を隠した，壊した，盗んだ，暴言を吐いた，無視したなどの行為の事実を確認することが重要です。これらの確認も担任一人では難しいので，生徒指導部と協力して，口裏を合わせないようにするため，加害者を個別に，一斉に行うことが大切です。

　そして事実のすり合わせをします。事実の矛盾があったら，もう一度生徒に対して事実確認をします。何が行われたのかを明らかにします。そしてその行為は「悪い行為」であるとしっかりと生徒に伝えます。

(6) 「筋を通す」ということ

　悪い行為を「悪い」と生徒に認めさせたら，その行為に対して「謝罪」をさせなければなりません。本人はいじめた相手が嫌いなのですから，謝る気持ちはないのかもしれませんが，社会に出たら「気持ち」とは関係なく「筋を通す」ということが求められることを理解させなければなりません。いじめられた本人はいじめた人に会いたくないし，謝罪なんて受けたくないと思っているかもしれませんが，「謝罪したという場があった」ということが重要なのです。将来，このことを思い出したとき，うやむやにされず「片が付いた」という記憶で，前に進んでいけることもあります。

　生徒の中には，この「筋を通す」ということを理解できず，物事を自分の感情に照らし合わせてしか判断できない「子ども」もいます。簡単に言えば「自分本位のわがままな子」ということです。ですから「筋を通すことが必要」という意味が理解できない生徒もいます。

　しかし，そこで教師が声を荒らげて怒ったとしても，生徒には伝わりません。生徒は感情で物事を判断しているので，教師の叱責に対して感情で反発するだけになってしまいます。また，怒られたことに対してその場で「わかったふり」をするだけになるかもしれません。怒られることが「嫌だ」と感情で判断するからです。

　そんなときにその場の指導でその生徒に納得させることは難しいと思って下さい。しかし，生徒にとって指導は記憶に残ります。いつか，将来，成長して感情だけではなく理性で判断できるようになってきたら，そのときの指導をきちんと理解してもらえるだろうという，長い視点で指導するというスタンスが必要です。

　「謝罪した」という経験が，社会に出てから謝罪しなければ取り返しがつかない場面に出くわしたときに，謝罪できるきっかけになります。

(7) 問題行動とクラス

　いじめが起こるということはクラスにも問題があります。いじめを許す雰囲気があるのかもしれません。ちょっとのいじめ行為を「おかしい」と思って捉える雰囲気がつくられていないということです。いじめは，当事者はクラス内の一部かもしれませんが，傍観者もいじめに荷担しているのだということを，このことを機にわからせなければなりません。

　東京学校臨床心理研究会運営委員作成の「いじめへの対応のヒント」では，いじめが起こっている構造として，「被害者」，「加害者」，「観衆」，「傍観者」の存在があると指摘しています[10]。ここで重要になるのが「観衆」，つまり，直接加害に加わらない存在で，周りを取り巻いている生徒が，どのような態度をとるかということです。「観衆」がいじめを容認する存在であると，「加害者」は「支持されている」と思い，いじめが加速します。いじめを容認しない雰囲気をクラスでつくることが，いじめ防止の最善策になります。

　クラスでいじめが起こったら，クラス全員の問題として考えるようにするきっかけになります。問題が起こったら，子どもたちを成長させるいい機会と捉えなければなりません。

　「いじめはあってはならない」という思いが教師や学校側にとって一種の強迫観念になると，いじめの芽や予兆，またはいじめ行為に対して目をつぶろうという意識が働き，結果的にいじめを隠蔽する体質を生み出します。

　もう一度書きます。問題は起こって当たり前です。もちろん盗難やいじめなどの犯罪行為は起こらないように事前に対処しなければなりませんが，もし起こったときに，どう対処するかで子どもが成長していきます。問題行動の予兆をすぐに見つけるアンテナを張り，すぐさま対処できるような体制をもっていることが重要です。

5 学級PTA

　学校によっては1学期の中間考査前後に，授業参観に合わせてPTA総会を開いたり，学年PTA，学級PTA懇談会を開いたりすると思います。

　保護者との学級懇談会は，慣れていないと気が重いことかもしれません。特に若い教師にとってはそうでしょう。しかし，若ければ若いなりに有意義な会にする方法があります。

(1) 保護者同士の懇談会にする

　担任が保護者に「お願い」の話をするのではなく，保護者同士に情報を提供してもらう会にするのです。2年生の生徒は，先ほども書いた通り，問題山積です。その悩みを出してもらうのです。それに対して「どうすればいい」なんていう特効薬は，担任はもち合わせていないはずです。だから「自分はこうやった」なんていう子育ての経験を保護者のほうから出してもらう会にしてみましょう。

　そうすると悩みや愚痴を言う会になりますが，それはそれで意味があると思います。「他の家でも同じ悩みを抱えているのか」と共有する機会をもつだけで，会をもつ意義があります。

(2) ざっくばらんに

　同じように，担任も悩みを伝えるのがいいと思います。「自分もうまくいかない」と伝えるのです。若いのですから，保護者のほうが年上です。子育てに関しては保護者のほうが先輩です。先輩から教えを請うことは恥ずかしいことではありません。そうすることで保護者と一緒にクラス集団をつくっていくという雰囲気にします。担任と保護者で一緒に生徒を「立派な大人」にしていくのです。きっと保護者は心強い味方になってくれます。

6 進路を見据えた活動（進路決定まであと約1年）

(1) 決してこの時期に決めるのは早くはない

　進路決定は高校3年の夏になります。もちろんそれ以降も微調整は可能でしょうが，就職なのか進学なのか，大学なのか短大なのか専門学校なのか決めるのが3年の夏です。ということは，2年生の夏休み前であと1年ということになります。就職の場合，採用試験は9月中旬からですから，3年生の夏休みに就職希望先を決めなければなりませんし，職場訪問も始まります。進学の場合は，推薦入試を選んだ場合は3年生の8月から動き出す学校もあります。

　センター試験の結果を見て受験校を決めるなんていうことは，してはいけません。本人が将来何をしたいのか，どの方面で力を発揮したいのかという希望をもとに進路を決めるべきであって，センター試験の結果をもとに学校側で点数を受験情報提供会社が分析したコンピューターソフトに入力し，「この点数で合格判定がBランク以上の学校はどこかな？」なんて打ち出されたものを生徒に提示するなんて，進路指導でも何でもありません。

(2) 本当の進路指導を

　つまり，本人の希望や適性，将来の夢などを生かした進路指導をするのがあと1年ということになります。そのためにはいろんな情報を学校や教師側が提示する必要がありますし，生徒が自分でまだ気付いていない希望や素質を掘り起こしていくような進路指導をしていくことが必要でしょう。

　学校の進路指導部の企画として，いろんな社会人，職業人のお話を生徒に聞かせるという講演会を催したり，2年生の夏休みには，インターンシップが組み込まれていることでしょう。また，遠くまで出かけていく学校見学は，2年生の夏休みや，遅くとも冬休みのような，比較的生徒に時間があるときにしかできません。3年生になったら受験勉強や面接練習などで，それどころではなくなるはずです。そのような意識を担任がもって，生徒に今から活

動するように働きかけましょう。

(3) 社会の「今」についても学ばせる

　授業などの学習活動は，社会の「今」の活動に目を向けたものがそれほど多くありません。教科書に書かれてあるものはほとんどが「過去」のものだからです。今，経済状態がどうなっていて，政治はどう動いていてというような「今」のことに目を向かせる活動があまりなく，学校内で完結している活動がほとんどです。しかし，3年生卒業時のゴールとして，「将来の社会を任せたい自立した立派な市民」と設定するならば，社会のことを知らなければそのゴールにたどり着けないはずです。

　2016年から選挙権が18歳に引き下げられました。ほとんどの高校2年生はあと約1年で投票所に行き，日本の社会をつくっていく政治家を選ぶのです。「高校にいたから社会のことはわからない」と言わせるわけにはいきません。高校にいる今だからこそ，社会の「今」について学ぶ機会をもたなければなりません。

将来の社会を任せたい自立した立派な市民

　学校で話題になれば，生徒は関心をもちます。自分の受けもちの授業で政治の話，経済の話，文化の話をします。授業の課題でそれらに触れたものを出してもいいでしょう。教科書に載っている「過去」のことについて学ばせるのも必要ですが，社会で「今」動いていることについても学ばせる必要があります。そして，子どもたちはそれらをもとに「未来」をつくっていけるのです。

(4) 教師も社会の「今」を学ばなければならない

　それは，担任も同じです。「学校の先生は世間知らず」と，私が教師になったばかりの頃は周囲の年配の人からよく言われました。そのときは反発していましたが，今から考えると，その頃の私はやっぱり「世間知らず」だったと思います。「常識がない」という意味の「世間知らず」ということではなく，「社会の動向を知らない，社会の仕組みを知らない」という意味の「世間知らず」でした。教育公務員ですから，同僚同士の地位の上下は公的にはありません。管理職と一般教員だけです。客商売でもありません。そして自分より年齢が下の子ども相手の仕事ですから，教師の独りよがりな指導でも，子どもたちは表面上は黙って聞いています。「こんなこと，民間企業や客商売では通じないよな」ということは，今でも学校内でまかり通っているでしょう。それらがすべて悪いということではありませんが，担任が社会の動向や常識を知らなければ，子どもたちにそれらを伝えることは難しいと思います。

(5) 世の中に関心をもたせる

　私は30歳代半ばくらいからようやく経済について関心をもつようになり，地元の企業の活動や，社長，社員の記事が新聞に掲載されたものを教室の掲示板に貼り出して，生徒にも関心をもってもらうようにしました。私もそうでしたが，生徒は企業の名前を知りません。テレビCMによく流れる企業しか知らなかったりします。地元の企業でも全国的に売れている商品を出していたり，逆に全国企業だと思っていた企業が，実は地元の身近なところに社屋を構えていたりという発見がありました。そんな情報を生徒が知るだけでも，普段，毎日コンビニに寄って経済活動をしているのですから，何かふと目にしたもので具体的な経済活動に気付くことも出てくるだろうと思うのです。生徒の周りの「社会人」が教師と保護者だけという狭い世間を広くさせ，将来の選択肢を多くする必要があるでしょう。

2学期

1 修学旅行

　修学旅行は，高校生活の中でも一番のイベントでしょう。学校から離れて，今まで生活していない場所で学校の仲間と活動ができるのですから，テンションが上がるに決まっています。しかし，クラスのみんながウキウキしているでしょうか？きっと，中には不安に思っている生徒，沈んでいる生徒もいるのではないでしょうか。

(1) 修学旅行に行きたくない理由

　行きたくないと感じる生徒のもっとも大きな理由は，同部屋，同班の仲間とうまくやれるのか？ということです。もし，いつも騒いでいて，嫌なことを言ってくるクラスメイトと同じ部屋になってしまったら……。もし，あんまり仲のよくないあの生徒と班別研修で同じ班になってしまったら……。という不安をもつのはよくあることです。そこで担任が気を回しすぎて，「このクラスはまだみんなが周りへの配慮をできないから，班は名簿順に機械的に決める」と宣言したらどうなるでしょう？トラブルを避けようとすることが，せっかくの生徒の成長の機会を奪い取ってしまうことになってしまいます。

　トラブルや不安があってこその成長です。そのトラブルや不安を解決しようとして，乗り越えさせることが重要であって，トラブルや不安を周りの大人が排除することは，決して子どもたちの成長にはつながりません。

　もちろん，担任としても，みんながうまく折り合いをつけてやっていけないんじゃないか？1人でも不満に思って「修学旅行に行かない」と言い出す生徒がいたらどうしようか？と不安に思うのはわかります。大丈夫です。す

べての生徒に不満がなくなることはあり得ません。不満があったとしても最小限にして，折り合いをつけさせるために，私はこんなことを伝えました。

> 修学旅行は，数日間みんなと顔を合わせて生活し，学習していく機会です。普段家に帰れば，わがままが通ることもあるでしょう。しかし，そんなことをしていると周りの仲間に迷惑がかかります。かと言って，我慢ばかりしていても窮屈で楽しめません。周りのみんなと自分の気持ちと折り合いをつけてうまく生活していくことを学ぶ場でもあります。自分だけが楽しんでもダメですし，周りだけが楽しんで自分だけつらい思いをしていてもいけません。一人ひとりがみんなとちょっとずつ配慮をして生活していく必要があります。
>
> 修学旅行中に一緒に生活したり，行動したりする班を決めます。ここで注意してほしいのは，みんなが納得できる班構成にすることです。自分だけが気に入った班にしたら，もしかしたら他の人から不満が出るかもしれません。それではダメです。配慮が足りません。周りに配慮するということを学ぶのも修学旅行の目的です。ですから，班決めから修学旅行は始まっていると思って下さい。
>
> いいですか，観光旅行ではありません。修学旅行です。修学旅行ですから，みんなが少しずつ窮屈な思いをするかもしれません。でも，その窮屈な思いはみんなで同じだけ分担して，そしてみんなが同じだけ楽しめる修学旅行にしましょう。

と言って，修学旅行係，もしくは級長に班決めを委ねます。100％みんなが納得するということは不可能かもしれませんが，納得できない生徒も，折り合いをつけてうまくやるということを学ぶ機会にもなります。

  折り合いをつける

(2) 班別行動の内容の交渉は自分たちで行う

　班別研修の内容，行程は班で決めさせます。旅行会社からモデルプランは提示してもらえますが，モデルプランを変更したい，またはモデルプランの訪問施設でこんなことをしたいという希望が出てきます。そうしたら自分たちで交渉させます。教師や保護者ではない大人とコミュニケーションを図り，交渉するいい機会です。今は各自がスマートフォンを持っているので，修学旅行の計画を立てるLHRで，教室内で電話をかけることができます。一昔前は学校の電話を使わせ，担当者に電話をかけさせました。

　工業高校に勤めていて，建築科のクラスをもっていたとき，ナゴヤドームを見学することにした班は，球場のバックヤードも見学させてほしいと担当者と交渉したことがあります。野球部だった彼らは，球場の裏まで見せてもらい，マウンドにも上がらせてもらい，大満足の研修でした。

　修学旅行は「社会」と交渉できる数少ない機会ですので，学校内で完結することがなく，見ず知らずの大人と接する機会をどんどん設けましょう。社会に出て仕事をすれば，ほとんどが見ず知らずの大人との交渉です。ここで必要なマナーとは何かを意識させるいい機会になります。

　修学旅行担当の旅行社の方と交渉させては意味がありません。旅行社にとって，学校や生徒は「お客さん」ですから，学校や生徒の意を汲んで，先回りして働いてくれます。それでは交渉する甲斐がありません。

(3) 交渉が失敗するかも……

　利害関係のない社会の大人と交渉させるのです。もしかしたら相手にとって失礼なことを生徒たちはしてしまうかもしれません。それによって交渉が決裂するかもしれません。いいのです。それも勉強です。その修学旅行をうまくやるということが目的ではなく，社会に出たときに生きる経験になれば，その交渉失敗もちゃんとした「学び」になります。

(4) 修学旅行の特別な役割を割り振る

　修学旅行中，担任の仕事で大変なのは，生徒の健康管理です。環境や食べ物が変わるので，一人ひとりの生徒の健康状態を把握しなければなりません。高校生だから自分の体調管理くらいはできると思うかもしれませんが，「みんながちょっとずつ我慢をしよう」と生徒に言った手前，かなりの我慢をしてしまう生徒もいるかもしれません。

　また，さらに気を遣うのは生徒の存在確認です。学校とは違い，活動場所が広いので，生徒が集合しているかどうか確認するのは一苦労です。生徒が集合場所にいないということは，もっとも大変なことです。

　これらの担任の任務を効率よく正確にこなすには，生徒に任せるのが一番です。班長には自分の班員の健康について気にかけてもらいます。ちょっと気になることがあったらすぐに担任に報告させます。自分の健康のことは「我慢しなきゃ」ということで言いにくいかもしれませんが，班員の健康のことだったら「周りに配慮する」ということも伝えているのだからすぐに言うことができます。

　また，集合点呼を効率よく行うためには，生徒1人を集合点呼係に任命します。背が高い人がいいでしょう。その生徒を一番前に立たせ，並ばせるのです。各班の班長が自分の班員の存在を確認し，点呼係の生徒に報告します。そして点呼係は全員集まったら担任に報告するようにします。

　生徒はとても手際よく正確にやってくれます。担任は修学旅行中，次の移動時間，移動場所，学習内容の把握など，さまざまな仕事がある中で点呼もするとなると，頭が混乱してしまいますが，点呼を生徒に外注するのです。とても楽になります。

　こんなふうに生徒に仕事を任せるだけでも，生徒の頼もしさを実感できます。なるべく担任が楽になるように仕事を割り振り，担任だけにしかできない仕事に集中できるようにしましょう。

2　進路決定に向けた面談

　本章1節「6．進路を見据えた活動」で書いた通り，進路決定はあと1年しかありません。これからの1年間の進路決定に向けた具体的な方針，活動を一緒に考えていくのが面談の目的になります。第2章2節「4．2年次からのコース，選択科目選択決定時期」で書いたことは，2年生のこの時期にも当てはまります。3年生の科目選択決定時期が，この2学期なのです。この科目選択は絶対に間違ってはいけません。大学入試を受験する場合，入学したい大学の受験科目を取り違えてしまうと，受験科目を独学しなければならなくなります。また，受験条件に「○○を履修していることが望ましい」とある大学もあります。履修していなくても受験できないことはないようですが，大学に入ってから，それに関する学問を最初から学ばなくてはならなくなるわけです。

(1) 希望する大学の詳細な入試制度は生徒自身で

　そのために，生徒には自分の受験したい大学に関して，自分で調べるように指導します。一番いいのは，昨年の受験案内を熟読させるのがいいでしょう。志望校が確実に決まっていなくていいのです。自分が進みたい分野で，ちょっと興味があるような学校の受験案内を，進路資料室から借りて読むのを勧めます。私立大学だったら，最新版を無料で送ってくれるところもあります。

　もちろん，2年生のうちから志望校が完璧に決定するということは，ないことがほとんどかもしれません。しかし，具体的に考えるのはいつ行ってもいいはずです。2年生のうちから具体的に考えないで，3年生になって慌てて考え出して，「今入れる大学」を選んでは，目標に向かって努力して成長する機会を逸していると言っていいでしょう。

　具体的に考えさせることが，「自分の進路である」という当事者意識をもたせることになります。

(2) センター試験受験要項を熟読させる

　私が行った実践ではありませんが，専門高校に勤めていたとき，センター試験受験要項を受験者に熟読させて，担任がどのような手続きを行えばよいのか生徒から教えてもらうということをした同僚がいました。

　高校生のセンター試験受験は学校が手続きを行うことになっています。しかし，私が勤めていた専門高校では，毎年センター試験を受験する生徒がいたわけではありませんから，進路指導部としても担任としても，手続きがシステム化しているわけではありませんでした。

　もちろんその担任も受験要項を読んでいたわけですが，受験する生徒が読むことによって，ダブルチェックとなり，出願のミスが減ります。そして，生徒も読むことで，センター試験を受けるという当事者意識が生まれます。その担任の教師は「受験要項に書かれてある内容がわからないようじゃ，センター試験の問題の内容もわからないし，試験にはパスしないはずだ」と生徒に伝えました。

　なるほど，いわゆる「読解力」につながっているし，学校外の社会である大学入試センターとの交渉をここで行わせている社会勉強でもあったわけです。受験要項を熟読して手続きした2名の生徒は，みごと地元の国立大学に合格しました。

　このように，進路指導において当事者意識をもたせることは重要です。

(3) 面談して曖昧を具体に変える

　生徒に具体的な進路活動を求めながら，でも実際はまだ決まらないだろうし，決めているという生徒も周りの大人に言われて漠然と決めているだけで，自分の中で決意していないのではないか？という思いをわれわれ教師はもちます。そのため面談では，生徒と対話しながらぼんやりとした思いを具体的な志望に固めていく必要があります。

> ○どうしてそこを志望したのか？そこを希望したきっかけは？
> ○保護者から言われたのか？テレビ，本，映画などで知ったのか？
> ○その学校に行くと学費も合わせてどのくらいのお金がかかるのか？
> ○その学校に合格するのに，自分の学習成績で十分なのか，足りないのか？
> ○その学校に行くとどのくらいの人が志望の職に就いているのか？
> ○職に就いた場合，給料はどのくらいで，生活していけているのか？
> ○本校の先輩で同じ進路をとった人はいるのか？
> ○保護者はあなたの進路希望に賛成しているのか？

などと聞いていくと，生徒は答えられず，まだまだ調べたり，相談したりしなければならないことの多さに気付くはずです。上記のことを，事前にプリントで配って，「面談のときに答えられるように」としておくのもいいでしょう。

　答えられなかったり，曖昧な答えだったら，さらに調べたり，相談したりして答えられるようにすることを促すと，志望が確実なものになっていきます。逆に自分で調べようとしないということは，その志望は曖昧で，本気で考えていないということの表れになります。

　２年次の学習成績や，模擬試験の成績をもとに現時点での志望変更を促すのは早計です。担任が本人の志望をつぶすのは，生徒の成長の可能性を否定しているもので，そこで成長を抑えていると言ってもいいでしょう。担任にそんな権利はありませんし，そんな先を見通せる能力もありません。「教育」とは真逆の行為です。目標に向かって努力させるのが教師の務めですし，仮に志望が叶えられなかったとしても，努力の結果は別の面で発揮されるはずです。

(4) 日本の未来についても把握しておく

　かと言って，日本の未来の動向には敏感にならなければなりません。未来と言っても何十年後の話ではなく，生徒が就職して働き盛りになる手前辺りの，約10年後の話です。

　かつて花形だった職業も，将来斜陽職種となります。上越教育大学教職大学院の西川純教授は，「今の歯科医の収入はサラリーマンレベルです。昔に比べて歯科医は3倍に増え，人口は横ばいで，単純計算で収入は3分の1です。同じようなことは弁護士にもいえます。理由は新司法試験により合格者が倍増したためです」と述べ，かつて憧れの職業だったものが，今はそれほどの収入を得られないことに気付かなければならないと言っています[11]。

　われわれ教師が学生だった頃の感覚で，10年後，20年後日本の社会を背負って立つ目の前の生徒の進路指導をしてはならないということがわかります。そのため，さまざまなアンテナを張り，将来の日本の動向についての情報を集め，生徒に提示しなければなりません。しかし，日本の将来の姿に「正解」はありません。ましてや今現在，職に就いて安定した暮らしをしている教員が，これからを生きていく目の前の生徒よりも「よりよい答え」を導き出せるとも思えません。担任の仕事は情報を提示して，考えさせ，一緒に「最適解」を見つけていくしかないと思います。

(5) 奨学金はむやみに勧められない

　奨学金について，教師は今現在どんな問題が起こっているのかを知らないまま斡旋している現実があります。かつて，私の学生時代，日本育英会奨学制度としてあったものが，日本学生支援機構として奨学金を貸与しています。

　教師は成績がよく，大学に進学できそうな生徒に対して，進路として大学を勧めます。しかし，「経済的に苦しいから……」と生徒が言ったとしても，「奨学金もあるし，大学に行ける学力をもっているなら，行ったほうがいいよ」と勧め，保護者もそのように説得します。

　さて，この指導は，われわれや皆さんが学生だった頃では外れていない指

導だったかもしれませんが，現在は適切な指導とは言えません。奨学金を受けても返済できない人が多くなって社会問題化しているのです。どういうことかと言うと，大学を卒業しても，奨学金を返済できるほどの収入を得られる会社に勤めることができないのです。

　先に挙げた西川純教授は，『親なら知っておきたい学歴の経済学』で，奨学金滞納の問題を挙げて，滞納が続くとクレジットカードもつくれなくなると指摘しています[12]。高校教師として，大学進学を勧めておきながら，借金までさせて，大学卒業後にこんな現実が子どもたちに待ち受けているなんてことは，知らなかったでは済まされません。大学進学を勧めるのであれば，大学進学後奨学金を返還できる職に就けるかどうかも視野に入れておかなければなりません。「入った本人の責任だ」とは言えないはずです。

　東洋経済オンライン2016年1月30日の記事でもこの奨学金問題は取り上げられ，「奨学金「貧困問題」，最大の責任者は誰なのか　返せない人は一部の大学に集中している」というテーマで，論じられています[13]。2016年夏以降に大学別延滞率を公表すると書かれてありますが，この原稿を書いている時点ではまだ発表されていません。ただ，この記事では，「高専（高等専門学校）の延滞率がいちばん低いんです。まさに高専の学生たちは専門教育をしっかり受けている。だから，社会からのニーズが高いのです」と述べています。

　われわれは，「大学進学すればいい就職口があるはず」というように，一昔前の感覚で大学進学を勧めてはいけないということがわかります。

3 文化祭～仲間との協力でつくり上げる最後の文化祭～

　多くの高校では，文化祭のクラス企画の参加は２年生までで，３年生は２学期は進路に向けた学習や活動のため，企画参加はしない方針になっていたり，したとしても希望クラスということになっています。よって，文化祭のクラス企画をする機会は２年生で最後ということになります。３年生の体育祭は学年全体に及ぶ活動となるので，クラスでまとまって活動するというのは，これが最後です。

　ですから，クラスのメンバー一人ひとりが役割をもって，クラスに貢献し，１つの目標に向かって活動できるいい機会にしなければなりません。もちろん，企画は級長や文化祭委員中心に立案，決定，計画，実施するのが当然で，担任の仕事は困ったときの力になることしかありません。ここで私の失敗談をお伝えます。

(1) クラスみんなで協力したかった

　担任の心配事は，文化祭において，クラスがいい企画を立ててくれるか，クラスみんなが楽しそうに準備，活動しているかです。これはどんなに教職経験を重ねても，毎年毎年心配になることです。だから，ある年，商業科の２年生を受けもったときに，私は気を回しすぎて，クラスみんなが意欲的に活動できるように，クラスを４つのグループに分け，それぞれのグループに出店（でみせ）の企画を立てさせ，一番利益を上げられたグループが優勝！というように，各グループを競わせました。

　生徒たちの活動は，準備からアイディアを出し合い，活動が停滞することなく，文化祭当日もグループみんなが協力してやっていたように見えました。私としてもうまくいったと思っていたのですが，文化祭の感想を書いてもらったら，こんなことを書いてきた生徒がいました。

> 最後の文化祭なんだから，クラスみんなで一緒に活動する企画をしたかった。

　私ははっとしました。私はグループを競わせることで活動を盛り上げようと思っていたのですが，それは生徒たちの求めていることではなかったのです。グループで競わせることではなく，クラス全体が一つにまとまることが重要だったのです。私はこの反省をもとに，それ以降「クラスみんなが楽しむ，クラスみんなが楽しませる」という方針を生徒たちに提示して，企画を立てるように指導するようになりました。

(2) 担任の仕事は目標と環境づくり

　クラスがいい企画を立てるかどうか，見てくれる人，来てくれる人がたくさんいて，お客さんが楽しんでくれる企画なのかどうかというのは，実は二の次です。一番重要なのは，クラスみんなが協力して，協働して仕事ができる企画かどうかです。企業が開催するイベントではないのです。教育活動の一環ですから，生徒たちが成長するかどうかが目的になるはずです。

　先に書いた通り「クラスみんなが楽しむ，クラスみんなが楽しませる」という目標を提示し，企画計画は級長，文化祭委員に任せます。目標に合っているかどうかは級長，文化祭委員などに念を押します。「合っている」ということになったら，もう口出しはしません。「必要なものや交渉は自分たちで行うように。担任の力が必要だったらいつでも言うように」と言って見守ります。

　準備段階，運営段階での失敗はつきものですから，本章1節「1．目標：結果の責任は自分でとる」で書いた通りに，失敗できる環境も整備します。

4 中だるみ時期の対策

　先にも書いた通り，２年生は中だるみの時期です。そして２年生の２学期ともなれば，その絶頂期となるでしょう。生徒は学校生活に慣れ切って，恐いものもだんだんなくなっていきます。恐い教師のあしらい方も身につき，学習も，どの程度やればどのぐらいの成績を取れるのかもわかってきます。新鮮なこともあまりないので，日々の生活もお座なりなものになっていきます。授業中での反応も薄くなり，クラスに活気がなくなっていきます。もちろん，修学旅行や文化祭はカンフル剤にはなりますが，それも長続きしません。そこで，いろいろと仕掛けなければなりません。

(1) 刺激を与える

　学年や学校の行事で，普段話を聞けない人の話を聞かせるということもいいと思います。学校の外の世界を感じさせることが刺激になります。学年や学校行事ですから，一担任の力で企画することはできません。そんなときは，知り合いの社会人に自分のクラスのLHRで仕事の話をしてもらうように頼めばいいのです。それなら簡単にできます。もちろんその人は仕事を休んで学校に来てもらわなければなりませんし，予算もないので謝礼もあげることはできません。でも，都合がつけば，生徒たちにとっていい刺激となります。また，学校の教室で生徒に対して話をしてみたいという人は，結構います。知り合いの中から見つけるのもそう難しくはないでしょう。

　それから私は，当たり前のことを当たり前にやることの大切さを，心が緩んでいるときに伝えます。挨拶，清掃，食事など，人間が生きていく上で必ずすることは，どうして必要なのか，どういう心構えでやらなければならないのかということを伝えることで，日々何となく，惰性でしていたことに違う角度から光を当てるようにします。そうすると，日々の生活がちょっと新鮮に見えてきます。

(2) 挨拶の意味は何か？

　毎朝私は，教室にはチャイムが鳴る前に行き，みんなに「おはようございます」と声をかけながら教室内を移動するようにしていました。1年生のときだと，生徒が教室の端にいても「おはようございます」と私に聞こえる声で挨拶をし返す人がほぼ全員だったのですが，2年生の2学期ともなると挨拶をし返す生徒は決まった数人で，中には目を合わせようともしない生徒も出てきます。私としては心が折れる毎日でしたが，担任が朝イチで元気に振る舞わないとクラスの雰囲気も悪くなると思って，毎日続けていました。しかし，そんな毎朝が続くので，ある日，挨拶について考えてもらいたいのでこんなことを言いました。

> 　最近私は毎朝心が折れています。「おはよう」と声をかけても，返してくれる人が数人です。私はみんなに声をかけているのですが，自分に挨拶していると思っていないのでしょうか。
> 　どうして人間は挨拶をするか考えたことがありますか？「挨拶は大切」とみんなが言っていますが，どうして大切なのか考えたことがありますか？挨拶をしなかったらどうなるか考えたことがありますか？
> 　人間という存在は，自分が心の中で「自分はここにいる」と思っても，自分の存在を確認できない不思議な生き物です。現実にそこにいたとしても，「もしかしたら自分の意識がここにあるだけで，自分はいないのではないか？錯覚なのではないか？自分はここにいなくてもいいのではないか？」というように，自分の存在というのは自分だけではとても不確かなものです。
> 　ところが，自分以外の存在が自分の存在を認めてくれると，「あ，自分はここにいるんだ」と確認できるのです。その確認の行為が挨拶なんです。つまり挨拶するというのは，「あなたはそこにいますよ」とメッセージを送り，「あなたもそこにいますよ」とメッセージを送り返す行為なのです。そんな行為が一方通行になる，つまり，挨拶を返さないと

> いうことは,「あなたの存在は認めないよ」というメッセージを伝えているということなんです。つまり,ケンカを売っているということなんですよ。
>
> 　だから,挨拶は人間の存在を確認する行為ということで,とても大切なことなんですよ。

　少々大げさな話に発展しますが,大げさに話すことで,普段の何気ない行為がとても重要に思え,新鮮な気持ちになるはずだと思い,こんな話をしました。

(3)　清掃の意味は何か？

　第5章「1．清掃の仕方の指導」で清掃の詳細について述べますが,清掃はその空間をきれいにすると同時に,気持ちもきれいにします。ごみごみした家の自分の部屋と同じような空間では,リフレッシュできません。毎日毎日リフレッシュするために清掃は大切です。それに,協力して清掃をするやり方が,社会に出てからとても役に立ちます。

(4)　食事の意味は何か？

　「お腹が減ったから食べるもの」というだけの認識しかもっていない子どもはたくさんいます。食事というのはそれだけではありません。もっと重要な「体をつくる」という機能もあります。つまり,良質の栄養素を含んでいる食事を食べると丈夫な体になるし,貧相な栄養しかないもの,体にとってよくないものを食べると,体が蝕まれていきます。「空腹を満たすだけ」の食べ物は,摂取しないほうがいいと伝えます。

3学期

1　1年間の成長を実感させる

◆　コンピテンシー

　一番難しい学年と思われてきた2年生も，ようやく終わりの時期が近づいてきました。16〜17歳は子どもから大人への変革時期で，精神的にも肉体的にも変化するときです。バランスが悪いので不安定で，何事につけても「わかっているけれどできない」という年頃なのです。いつもイライラしているのです。でも，それも成長するための通過点ですので，誰でも不安定になって当たり前です。自分が何者かわからない時期なのですが，それでもこの1年間で成長したんだということを実感させることが必要です。

　以前，商業高校に勤めていたときに，「コンピテンシー」という企業の評価方法を知りました。「コンピテンシー」とは，「行動特性」や「業務の遂行能力」のことで，社員一人ひとりがどのような特性をもち合わせていて，その特性を各職務に照らし合わせて適材適所の人事をしていこうというものです。

　生徒の目を社会に向けさせ，学校のテストの点数以外の評価を企業ではしていて，これから伸ばしたほうがいいと思われる自分の能力を把握するためにも，次ページのようなプリントを配り，考えさせました。

　大切なのは，今の値がどうなっているかではなく，今後どの値を上げていく必要があるのかをわからせることです。学校のテストの点だけではない，社会で活躍するための新たな尺度を提示することは，とても意味のあることだと思います。

第3章　2年生　中だるみをどう乗り切るか　117

コンピテンシー

（個人の能力の数値化）

　　　　年　　月　　日実施

　　　　年　　組　　番　名前　　　　　　　　　

※1～5に○を付けて合計値を記入してください。

　1……ほとんどない。（できない）　2……少しはできる。（備わっている）
　3……ほぼ備わっている。
　4……そのことについて，多くの他人はまだ自分のようにできない。（自分だけができる）
　5……そのことについて他人に教える（説明する）ことや，他人の手本になることができる。

1)「コミュニケーションスキル」　　　　　　　　　5　4　3　2　1
（自分の言いたいことを他人に文章や話で伝えることができる。
また，他人の言いたいことを上手に聞いてあげることができる。）

2)「ITリテラシー」　　　　　　　　　　　　　　5　4　3　2　1
（パソコンを使って情報を処理し，活用できる。基本的ソフト《一
太郎や Word，メールソフト》を活用することができる。）

3)「ストレスマネジメント」　　　　　　　　　　　5　4　3　2　1
（ストレスに対して自分をコントロールし，ストレスに負けない
でいられることができる。ストレスにより他人に迷惑をかけない。）

4)「タイムマネジメント」　　　　　　　　　　　　5　4　3　2　1
（時間管理能力。提出期限を守ったり，時間に遅れたりせずにい
られる。）

5)「グローバル対応」　　　　　　　　　　　　　　5　4　3　2　1
（外国語理解力がある。外国文化・習慣・マナーなど，理解があ
り，いろんな文化を偏見をもたずに受け入れることができる。）

6)「エンパワメント」　　　　　　　　　　　　　　5　4　3　2　1
（自立し責任をもって意思決定できる。他人の意見に左右されず，
最善の決定ができる。）

7)「プロジェクトマネジメント」
(企画やいろんな目標を設定し、その目標に向かって具体的な対策を立て、期限を守り対策を実行できる。)　　　5　4　3　2　1

8)「リーダーシップ」
(自らの意思でリーダーシップを発揮できる)　　　5　4　3　2　1

9)「リソースマネジメント」
(人・モノ・金・情報・時間などのリソース《資源》を管理や配分をすることができる。将来を見越して資源を管理できる。)　　　5　4　3　2　1

10)「情報指向性」
(学校内外でテーマをもって情報を発見・収集できる、感度・理解をもっている。)　　　5　4　3　2　1

11)「分析思考」
(科学的な分析手法で状況や現象を把握し対応を考える。主観的にならず、客観的に状況を分析できる。)　　　5　4　3　2　1

12)「パートナーシップ」
(相互の立場を理解しながら協働できる。すべての人に対して、自分本位にならず、相手の立場を理解してつきあうことができる。)　　　5　4　3　2　1

13)「コンサルテーション」
(相手が潜在的にもっているニーズまでも引き出して解決に導く。相手のよい点を引き出してあげることができる。)　　　5　4　3　2　1

14)「財務マネジメント」
(計数的な理解力と財務的な判断力。計算能力や、有限の資金財産を適切に配分できる判断力をもっている。)　　　5　4　3　2　1

15)「公明性」
(常に「正しいこと」とは何かを考え、「自分さえよければ」「見つからなければ」という気持ちをもたないで行動できる。)　　　5　4　3　2　1

合計点　□　点

50点以上……すばらしい！
40点以上……十分だが、まだまだ上を望めるぞ！
30点以上……これから伸びてくる時期だ！
29点以下……半年後10点プラスを目標に自分を磨こう！

2 3年につなぐ

　3学期は，進級できるか否かで焦る生徒が多くなります。1年生のときと同じように担任は根回し，環境設定をしなければならないのは，第2章3節「3．進級に向けての追い込み」に書いた通りです。特に，2年生になると1年次に比べて科目が多種多様で，選択科目も多くなるので，いろんな教師と連携をとらなければならなくなります。中には非常勤講師の教師が受けもちで，毎日学校にいるとは限りません。生徒が指導を受けたくても，それができないなんてこともあり得ます。第2章2節「2．教科担任との調整」で書いた通り，普段から教科担任の教師とのつながりをつくっておく必要があります。「うちのクラスやうちの生徒はどうですか？」と声をかけ，問題点や困っていることがあればそれを聞き，その教師はどんな方針で授業をしているのかを聞いておくだけでいいと思います。人間関係をつくっておけば，トラブルが起こったとしても，多少スムースに解決できるようになります。

　3年に進級するときにクラス替えになるという学校も多いでしょう。1年次のように，進級式ではこんなことを言ったことがあります。

　2年生は，いろんな大きな行事があり，いろんなことが起こり，私もみんなにたくさん厳しいことを求め続けてきました。厳しく指導したこともありました。

　このクラスもこれで解散ですが，晴れて3年になったら，級長，部長，委員会の委員長，体育祭の応援団の団長などにどしどし立候補してその役割に就いて下さい。2年生で皆さんは大きく成長しました。ここで学んだことを生かして，今度はそれぞれのステージで活躍して下さい。それを見たらきっと私は「あ，2年のときのうちのクラスの○○さんだ！」と誇らしく思えることでしょう。

　高校生活もあと1年です。

最終学年での総仕上げ

始まりがあれば必ず終わりがあります。担任業は「卒業」という「終わり」に向かって進んでいますが、生徒たちは「卒業」という終わりが「次の世界」の始まりです。生徒たちの新たな世界での活躍のためにも、社会の未来の状況を視野に入れて進路指導をしましょう。

3年生は、1年生から積み上げてきたものを結実させる学年です。卒業時には「自立した立派な市民」として羽ばたかせる学年です。やることは今までと変わりありません。丁寧にコツコツと1年間積み上げていくだけです。

1学期

1 クラス開き

クラス替え後の3年次のクラス開きは、第2章、第3章と同じです。丁寧に生徒に説明しながら行います。一人ひとりの仕事をつくり、クラス目標をつくるのに加えて、3年生には最も大切なことがあります。それは

卒業時の進路決定

です。あと1年で卒業です。1年後には今までの進路「希望」を、進路「達成」するという明確な「締め切り」があります。今まで漠然と思っていた「卒業」というゴールラインが、あと1年間を切ると、現実味を帯びて見えてきます。1年生の頃から計画的に動いていた生徒は焦ることは少ないでしょうが、考えないようにしてきた生徒は、急に焦り出します。周りから取り残されるような気がしてくるのです。

◆ 高校卒業時の進路決定は重要なもの

　約1年後の進路決定時期に向けて，スムースに決定する生徒はほとんどいません。挫折したり，精神的な波が生じたり，友だちや保護者や教師と衝突したり，みんな何かしらのハプニングを経験します。

　それでもそれらを乗り越えて，卒業までこぎ着けなければなりません。私は生徒にこんなことを伝えます。

　高校卒業時の進路というのは，みんなの一生のうちかなりのウエイトを占めるものになります。今までほとんどの人は，小学校，中学校，高校と，住んでいる地元にあるあまり枝分かれしていない道を歩いてきました。ところが，高校卒業時には，就職するのか，進学するのか。地元に残るのか，地元から離れるのか，それぞれがとても大きな決断をしなければなりません。地元に残る人と地元から離れる人，就職した人と進学した人では，ずいぶんと違う人間関係をつくり，それぞれの世界をつくっていくことになります。だから卒業時に歩んでいく進路というのは，とても大切なものです。結婚と同じくらい大切だと思って下さい。

　これからの1年間はいろんなうまくいかないことや，苛立つことがあるかもしれません。それでも，それらを乗り越えて進路希望に向かって努力する必要があります。そのためには，クラスみんながクラスのみんなのために励まし合い，配慮し合い，学び合って進路達成しましょう。

　そんな話をした後，級長を中心に決めたクラス目標は右のようなものでした。

　今でもとても気に入っているクラス目標です。

2 勉強に集中するために，その他をやり切る時期

　4月終わりから5月にかけては，教室内がとてもバタバタする時期です。部活動の地区大会が始まり，公欠で生徒はぼろぼろと欠席します。3年生にとっては最後の大会だということで，練習はきつくなり，授業に集中できなくなります。中間テストも近づき，進路に関わる成績だとして，焦りも出てきます。就職先や進学先に学業成績を送る「調査書」は，就職希望者や，2学期中に願書を出す進学先だったら1学期までの成績が，「3年生の見込み成績」として送られることになるからです。

　また，中間考査後にある体育祭の準備のことも気になります。

　そんなときに担任としては，けじめがついた物事の「終わり」を意識させます。どういうことかと言うと，部活動の地区大会で公欠になるのなら，SHR時に，週番に例えば「田中さんはバスケットボールの地区大会で今日は公欠です」と連絡させ，学外でがんばっているということを伝えます。教室内にいないからと言って，遊んでいるわけではないのです。教室外でがんばっていると伝えて，教室に今いる生徒もがんばろうという雰囲気をつくります。

◆ 高校最後の○○

　そして，大会が終わったら大会結果をクラスに発表し，「がんばりましたね」とけじめをつけさせて，次に向かわせるという「儀式」を行います。

　1学期はいろんなことがありすぎて，担任もクラスも混乱する時期なのですが，1つ1つ終わらせることで，気持ちの整理をしていくと，だんだんすっきりしていく気分になります。毎日が「高校時代最後の◎◎」になります。

　もちろん県大会，全国大会に行く部活動があったら，クラスみんなでその生徒を応援する雰囲気もつくっていけます。

3 体育祭　いろんな仕事のリーダーとなる

　体育祭にはその学校の伝統文化がたくさん詰まっています。競技への取り組み方，応援歌の歌詞の作り方，歌い方，踊りの仕方，団のパフォーマンスの仕方など，それまで先輩が行ったものを真似て，後輩たちが創っていきます。つまり，学校の文化の継承が体育祭でも行われているのです。

　もちろん「文化」といってもよいものだけではありません。「悪しき伝統」というものもあります。ですから，体育祭のリーダーや，各係が決定したときに，こういうことを言います。

> 　みんなは，1，2年生のときに体育祭を経験しているわけですが，先輩にしてもらって嬉しかったことはどんどん真似て，1，2年生にやって下さい。しかし，先輩にされて嫌だったこと，これはうまくなかったなということは改善して，もっといいものにして下さい。

　悪しき伝統は駆逐されなければならないのです。

(1) 失敗の連続

　そして，体育祭の準備，応援練習などはうまくいかないことのオンパレードです。例えば，バックパネルの係は絵がうまい人がだいたい係やリーダーになるのですが，バックパネルは一人で絵を描いていればいいというわけではありません。たくさんの人を動かして，大きな絵を完成させなければなりません。普段人前にあまり出たくない人がリーダーになることが多いです。だから，人を動かすコツがつかめず，まず自分で動いてしまい，全体に指示が行き渡らないこともよくあることです。

(2) 人の動かし方を伝える

そこで,「あなたは動かなくていいんですよ。全体を見渡しなさい。そして指示を出しなさい」というアドバイスが必要になります。

これはパネル係だけではなく,応援団長などにも通じることです。いえ,体育祭の係だけではなく,担任の仕事にも通じることです。自ら動いては全体への指示ができません。

体育祭前日の,全校で一斉に準備をする時間を見ていると,指示の足りないところを率先して教師が動いて準備をしたり,教師が指示を出している姿を見かけます。これはやってはいけないことです。このとき,教師は3年生のリーダーの指示を仰いで,その指示通りにやります。教師がここで指示を出したら,その後からリーダーの指示を生徒たちは聞かなくなります。リーダーが指示を出したら,周りの生徒はこのように動くのだと教師自らで示します。

ポイント　リーダーを育てる

それでもうまくいかないときは,リーダーはどのような指示を出せばいいのか,どのような指示が効果的なのか,リーダーにアドバイスをします。今までの担任の経験を伝えることのできるまたとないチャンスです。ここでも教師から生徒への文化の継承ができます。

また,後輩が指示を聞いてくれない,集まってくれないなどという不満はしょっちゅうです。「あなたたちが1,2年生だったとき,指示を聞いた？聞かなかった？どうして聞いたの？どうして聞かなかったの？」と,自分に接した先輩のことを思い出させることで,よりよい指示をさせることができるはずです。

こんなことが,社会に出て,うまくいかないことに出くわしたときに必ず生きていきます。トラブルは経験させることによってしか,その対処方法は身につきません。

4 切り替え宣言

　体育祭も終われば，部活動で全国大会に行く生徒を除くと，もう進路実現に向けて動き出すしかなくなります。ちょうど中間考査があと１〜２週間に迫っている時期です。ここで，進路に向けて学習に集中するという「切り替え宣言」をするといいでしょう。

　特に切り替えのための行事を設けなくてもいいかもしれませんが，クラス全員に「決意文」を書かせるのもいいかもしれません。担任が話をするのでもいいでしょう。とにかく「宣言」することで，切り替えたという雰囲気をクラスにつくることが大切です。

◆ 環境も切り替える

　部活動の余韻，体育祭の余韻を引きずり，勉強に集中できない生徒もいるかもしれません。気持ちを切り替えられないときに効果的なのは，環境を切り替えるのです。体育祭で使った小道具がまだ教室内にあったら撤去します。体育祭で獲得したトロフィーがもしあったら，ある一定期間飾った後に生徒会に返します。清掃もきっちりして教室をきれいにします。「卒業まであと〇日」というカウントダウンカレンダーを作ってもいいかもしれません。ゴールに目を向けさせるという環境づくりも担任の重要な仕事です。

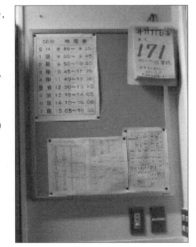

5　進路決定面談

　就職だったら，進路指導部を通して就職先を決定し，夏休み中に履歴書や自己推薦書などを書かなければなりません。進学だったら，入試に応じた受験勉強を夏休みにしなければなりません。推薦入試でしたら入試の時期はぐっと早くなります。小論文や面接などの練習は，夏休みから始めなければなりません。

　その前に面談をして，進路を決定する必要があります。

　もちろん，採用試験やセンター試験の結果によって進路先変更はあり得ますが，変更を前提に活動するよりも，第一志望に向かって邁進させるのがよいと思います。

◆　保護者と希望が合わない

　しかし，ここで大きく立ちはだかってくる大きな問題として，本人の志望と保護者の意見が合わないということがあります。

　本人は地元から離れたところに進路を求めているが，保護者は地元の進路先，もしくは家から通えるところしか認めてくれないというものがもっとも多いでしょう。特に女子の場合は顕著です。娘を遠くにやってしまうと，保護者が娘のそこでの生活を心配して反対するのです。担任としては，生徒の進路希望を叶えさせてやりたい気持ちにもなりますが，保護者の気持ちもよくわかります。

　こういうときには，生徒に対して，「保護者と向き合い，自分の保護者を説得するしかない」と言います。この問題は家庭の問題です。担任として口を挟むことはできません。もし担任が口を挟んで，保護者の意に沿わない進路に進み，そこでトラブルがあったとしたら，どうなるでしょうか？保護者は担任に責任があると思ってしまう可能性はあります。そこで生徒に対してこう言います。

今まで，自分の進路に対してあまり保護者に説明しなかったんじゃないの？あなたは自分の進路希望に対してよく理解しているけれど，保護者はほとんどわからないから，心配になるのは当然だよ。その進路に進んで，あなたが何をしたいのか，何を夢見ているのか，どのくらいお金がかかるのか，どんな生活が送れるのか，情報を保護者にきちんと提示しなさい。今まで育ててくれた保護者に安心材料を提示しなさい。あなたの本気度が保護者に伝われば，きっと保護者はあなたの幸せを願っているんだから，賛成してくれると思うよ。
　でも，いい加減に漠然と「親元を離れたい」と思っているのだったら，それはやめたほうがいい。保護者の反対を押し切って，しっかりした意思もないのに親元を離れるだけで進路を決めるのであれば，その進路に進んだとしても，意志が弱い分うまくいかないと思うよ。

　今まで甘えてきた生徒は，保護者に自分の将来を語らないのがほとんどで，そういうことが積もり積もって，進路決定時期に行き違いが生まれてしまいます。担任としては生徒の希望を叶えてあげたいという立場に立ちますが，それを叶えられるのは生徒本人しかできません。その手助けをしてやり，進路希望を確実にしてあげましょう。

2学期

1 みんなで進路実現

　本章1節「2．勉強に集中するために，その他をやり切る時期」に書いた通り，高校生にとって卒業時の進路決定はとても重要になります。重要だからこそ生徒は焦り，不安になります。担任は適宜，生徒の体調や表情を観察して，心配な生徒には「大丈夫？」と声をかけましょう。

　折あるごとにクラス目標を示し，「みんなでがんばろう」と元気づける必要があります。

(1)　「受験は団体戦」の正しい意味

　よく「受験は団体戦」という言葉を聞きます。これに異論はないのですが，教師側，学校側に都合のよい意味で「受験は団体戦」という言葉を使っている教師がいます。「団体戦だから乱れた行動をせず，学校の方針に従って，自分勝手なことはしないように」という意味で指導しています。でも，そんなことを続けていけば生徒が疲弊します。そうなると，疲弊してついて行けない人は切り捨てられてしまう可能性があります。「団体から外す」ということになってしまいます。全くもって誤った使い方です。

　「団体戦」という意味は，「ついて行けそうになくなった生徒でもみんなの力で引き上げていく」というものでなければなりません。きっと人生のうち，今までに経験したことのないプレッシャーや焦りを感じているのだから，疲弊して，心が折れそうになって当然です。学校の方針や指導について行けなくなって当然です。そんな生徒を切り捨てるのではなく，受け入れて，励まし合うことで，「クラスみんなで進路達成」が可能になるはずです。

(2) クラスの中で経験しているのは担任

　先ほど「今まで経験したことがない」と書きました。経験したことがないのであれば，経験したことのある人の話を聞かせましょう。そう，受験勉強を経験し，倍率の高い教員採用試験で合格した担任，あなたの話です。例えば，

○大学受験のときにどんな生活を送っていたのか。
○勉強と休憩のサイクルはどのようなものだったか。
○何を考えてつらい時期を送っていたのか。
○模擬試験を受けた後，どのように対応していたのか。
○就職活動はどのようにしていたのか。
○採用試験前はどのように行動したのか。
○面接練習はどうやって練習し，どんな質問が出て何と答えたのか。

など，何でもいいので機会を設けて話してみましょう。生徒にその通りにやってもらうためではありません。「そういうこともあるんだ」という情報を与えて，落ち着いてもらうためです。エピソードは多ければ多いほど生徒は安心します。何にもないトンネルの暗闇を突き進んでいくよりも，ちょっとだけでも過去に通った人が残した跡を見つけたほうが安心できるというものです。

　担任も昔は同じように悩んで困ったということと，クラスの仲間も同じように悩んで困っているということを共有して，「団体戦」で乗り切っていきましょう。「団体」の中に担任も所属し，応援しているという気持ちをわかってもらいましょう。

2 生徒による模擬面接

　入社試験や，推薦入試の面接練習をお願いしてくる生徒がたくさん出てくることでしょう。一人ひとり時間をとって１対１で面接練習をすると，いくら時間があっても足りません。それよりももっと効率がよく，効果的な方法があります。

　それはみんなを集めてまとめて行うことです。面接方法が集団面接だったら面接受験者を複数にして，順番に質問していけばいいのですが，個別の面接だったらどうするのかと言うと，生徒を面接官にすればいいのです。

　ほとんどの生徒は面接官役をしたことがありません。面接官から面接を受ける人がどのように見えているかわからないのです。面接官役をすると冷静に受験者を観察することができます。お辞儀の仕方，イスの座り方，受け答えの仕方。受験者はこのように面接官に見えているのかと確認することができ，それを自分の受験のときに生かすことができます。

　生徒がする面接官役は，１回の面接で２〜３名いて構いません。面接官が生徒だったとしても，生徒にとってはたくさんの視線が自分に注がれることで，プレッシャーを感じ，緊張感を味わえます。その緊張感の中で受け答えする経験を積むことによって，本番での訓練になります。

　面接官役の生徒からも１人１つずつくらい質問をさせます。その質問も自分で考えさせます。そんなふうに面接官の立場に立つことで，面接官が何を見て，何を考えているのか体験させ，本番の面接に当たらせると，不思議と落ち着きが生まれます。

　そして担任に一番のメリットは，時間の節約になります。入退室，お辞儀の仕方の指導はどの生徒もほとんど共通したものになります。１人に指導することで，面接官役をしている生徒への指導にもなります。３年で担任業務がとても忙しい中，時間が効率的に使えるというのはありがたいことです。生徒が面接官役をする模擬面接練習はお勧めです。

3 クラス内のぎくしゃく感

あるとき，こんなことがありました。昼休みの過ごし方です。昼休みに昼食を食べた後，そのまま談笑している人もいるし，切り替えて受験勉強をしたい人もいます。受験勉強をしたい人にとって，大きな声で楽しそうに笑い合っている声は，集中できない要因になります。これから大切な入試があるというのに，それに向かって勉強している人が，静寂さを求めて自分の教室から出て静かなところを求めていかなければならないのは納得がいかないと訴えてきました。

担任としてはどうしますか？「今は大切なときだから勉強したい人のために昼休みでも教室内では静かにしなさい」と指導しますか？それでは自立は生まれませんし，訴えてきた生徒の肩身が狭くなるかもしれません。

私は級長・副級長と対応を相談しました。昼休みに友だちと楽しそうにしゃべっている人の言い分を聞いてもらいました。そうすると，「1日中学校で，受験対応にピリピリしている雰囲気なんだから，昼休みでご飯を食べるときくらい楽しい雰囲気でいたい」という声が返ってきました。なるほどなと思いました。人間バランスが大事です。

そこで，級長，副級長が出した結果は，次のようなものでした。

> 昼休みが始まって，20分経ったら，しゃべっている人は，勉強したい人に配慮して，静かにする。

昼休みは40分です。昼休みの半分が終わる20分後，級長と副級長はクラスの前に出て，「それでは，勉強する人もいるので，静かにしましょう」と伝えることにしました。みんなよくわかって静かにしてくれたということです。どちらの言い分にも配慮した，とてもいい対応だったと思います。「自分たちで解決する」という「自立」した対応ができ，級長・副級長に任せてよかったなと思いました。

4 進路が決まる生徒が出たときのクラス対応

2学期中盤を過ぎると、進路先が決定する生徒もいれば、1回目の就職試験で採用にならなかった生徒、これから入試を迎える生徒と、進路決定に関してさまざまな生徒が現れます。進路先が決定した生徒は緊張感が緩み、浮かれる気分になります。まだ決定していない生徒は、それらの生徒を煙たがり、ますます焦り出してしまいます。そうするとクラス内に温度差が生まれて、「みんなで進路実現」という雰囲気が壊れてしまいます。

そんなときにはもう一度クラスに語りかけ、「みんなが進路実現を目指す」という雰囲気をつくっていかなければなりません。

> 高校卒業時の進路決定というのは、みんなのこれからの人生を決める上で、かなりのウエイトをもっていると思います。結婚と同じくらい一大事だと思います。この中には、すでに進路先が決定している人もいます。今まで努力した結果がそこに表れたのだと思います。それでも、まだこれから採用試験を受ける、入試を受けるという人もいます。きっと進路先が決定した人に対して、「おめでとう」という気持ちをもっていると思いますが、自分のことを考えると自分がまだ決まっていないのだから、焦ってくるのが当然です。3年生のクラス目標は「鼓舞」でした。その目標を達成することで、クラスみんなで進路実現を達成しようと1学期に話しました。進路が決定した人は、まだ決定していない人に配慮して浮かれすぎず、まだ決定していない人は、決定している人をうらやましがったりせず、自分を信じて進んでいきましょう。みんな一人ひとりの思いやりがクラスみんなの力になって、進路実現ができるはずです。進路が決定した人は、進路先を決定させることが目標じゃないと思います。進路先でどんなことを行って、どんな人生を歩むのかが重要なんですよ。浮かれてばかりはいられませんね。今できることをしましょう。

5 クラスみんながそろうのはもうあまりない

　3月の上旬に卒業式という学校が多いことでしょう。ですから，3学期が始まるとあっという間に卒業式がやって来るという印象です。3学期は1月に授業が始まって，あっという間にセンター試験がやって来て，私立大学の入試があり，クラスの生徒は入試のために学校に登校しなくなります。授業形態も今までとは変わり，特別時間割編成となる高校も多いでしょう。

　選択授業も多くなり，午前中で放課というところもあることと思います。クラスの生徒みんなで授業を受けるということも少なくなります。

　クラスみんながそろうという機会は，3学期においてはほんの1～2週間なのです。センター試験後，みんながそろうのは卒業式の予行の日ということもあり得ます。

　そうなるとクラスがばらばらになった感じで，寂しく思えてきます。ですから，みんなに語れること，みんなにわかってほしいことは，2学期中に伝えておかなければなりません。3学期は，入試業務や，生徒個々の進路の手続き，個別面談などであっという間に過ぎ，卒業式を迎えることになります。

　ある11月の終わり頃，クラスみんなで海に行きました。卒業アルバムのクラス写真を撮りに行ったということもあるのですが，学校から歩いて20分くらいで海に着きます。それまでずーっと学校にこもって勉強している生徒たちにとっては，気分転換になったと思います。ちょっとの散歩でも，体を動かすということはいいことです。

3学期

1 センター試験に送り出す会

　センター試験をほとんどの生徒が受験する学校に勤めていたときのことです。学年で結団式を行うのですが，それはクラスの代表がみんなの前で宣言し，教師がエールを送るという，まさに「結団式」というものでした。

　クラスでも何かしたいと思い，LHRを使って不安なみんなを元気づけたいと思い，「センター試験に送り出す会」を催しました。ザ・ブルーハーツの「人にやさしく」を流し，「応援しているよ」と伝えました。それからハイタッチを全員で行いました。机を脇によけて，イスだけ出して輪にならせて，こういう条件を付けました。

> 　ハイタッチは，世界ハイタッチ競技会のルールに従って行います（※嘘です。そんな競技会はありません）。テンションを上げて，「イエーイ」と大きな声を出して笑顔で行うこと。それから，必ずみんながみんなと行うこと。

　みんな，初めはどうすればみんなとハイタッチができるか考えますが，だんだん輪になって，「イエーイ」という声が重なっていきます。「ハイタッチ」というテンションが上がったときの行動を行っていくと，不思議と気持ちも上がっていくのがわかります。なぜか自然と楽しくなっていくのです。

　学校生活は，3年生2学期から行事がなくなり，勉強漬けの毎日です。そして日々迫ってくる入試で，気持ちがどんより沈んでくる日々です。たまにこんな気持ちを発散させる時間をつくるのも大切です。個人で気持ちを発散させるよりも，みんなで一緒に発散させるほうが，スカッとした気分になれるものです。

2 学校,学年の方針と担任の方針の整合性について

　高校卒業時のゴールとして,「将来の社会を任せたい自立した立派な市民」を設定しました。2016年6月には選挙法が改正され,投票権が18歳に引き下げられました。ますます「自立した立派な市民」というゴールは重要になってくることでしょう。

 将来の社会を任せたい自立した立派な市民

(1) 生徒の将来を無視した進学指導

　しかし,学校によっては「大学進学率を上げるために,本人の希望は関係なく入れる大学に入れればよい」という意図が裏に十分見える進路指導,いや,「進学指導」を行う人が多くいるところがあります。「とりあえず大学に入れたら,後は入った生徒が何とかがんばってくれる」と無責任なことを平気で言う管理職もいました。第3章2節「2.(4)日本の未来についても把握しておく」に書いた通り,日本の未来は,そんな無責任なことを言っていられない時代になっています。大学を卒業しても実学を学んでいなければ,なかなか正規採用されない時代なのです。「2016年度学校基本調査(速報値)」によると,大学卒業者の正規採用率は71.3%となりました[14]。前年度より2.1ポイント上昇といっても,約3割は正社員として職に就いていませんし,3年以内の離職率は約3割と,ここ数年変わりません。

(2) 最終決定は生徒自身

　生徒の幸せとは何かを第一にせず，センター試験の獲得点数によって，家から1,000km以上も離れた，足を踏み入れたことも，パンフレットで見たこともない大学の，かつて志望してもいなかった学部を進める進路指導をしているところもあります。「国公立大学に入れればそれで幸せだろう」という短絡的な指導です。これじゃあ自立もへったくれもありません。

　担任として「自分たちで決めて，自分たちで行おう」という方針を1年間生徒に説いてきたわけですが，生徒や保護者の中には，大学に入れればいいと考え，センター試験後の最終三者面談で，「センター試験の点数で入れる大学」と考える生徒や保護者も出てきます。担任としてはどうすればいいのでしょう。「その大学に行ったとしても，お子さんの将来のことを考えると……」と意見を言ったほうがいいのでしょうか。

　私はそうは思いません。この時期まで機会あるごとに「将来の社会を任せたい自立した立派な市民」になってもらうべく指導してきて，いろんな情報を伝えた結果，最終的にそのように保護者と本人が選択したのであれば，その選択は担任の指導の結果になります。その選択は尊重されなければなりません。無理やり担任の方針，もしくは学校の方針を聞き入れさせるのは「自立」とはほど遠いものになるはずです。

　進路決定時期になると，当の本人は保護者も含めてなりふり構っていられなくなります。決定の判断までに，どのように理想を語り，理解してもらえるかが重要です。生徒本人や保護者の意思決定に対してとやかく言うのは，いらぬトラブルを避けるためにも，やめたほうがいいでしょう。

　われわれ教師の仕事は，生徒が「選択」する前段階までであり，最終的な「選択」は生徒に任せなければいけませんし，自ら選択することで「責任」が生まれてきます。それが「自立」というものです。

3 卒業式　保護者への感謝の機会を設ける

　あっという間に卒業式になります。卒業式は生徒が主役です。しかし担任自身としては「今日ぐらいはみんなに感謝されてもいいんじゃない？」と思うのはわかります。男性の担任だったら普段着ないタキシードや，女性だったら着物やドレスを着て特別な雰囲気になります。

　それでも，われわれの仕事は生徒を輝かせることです。だから私は，卒業式の後のクラスのLHRでは，1人1分くらいのスピーチをさせました。私が前で名前を呼んで，卒業証書と記念品を渡し，私が用意したスタンドマイクを使ってスピーチします。

　そこで語られるのは必ずと言っていいほど感謝の気持ちです。仲間への感謝，保護者への感謝，担任への「言うこと聞かなくてごめんなさい」という謝罪。中には涙で声を詰まらせながら話します。そういう生徒はとても格好いいです。子どもたちが輝いている姿を見るのは，とても嬉しいです。私への言葉は，「感謝」よりも「謝罪」のほうが多いのが気になりますが……。それを脇で眺めながら，教師という職業に就いていてよかったと思う瞬間です。

◆ 「感謝」は「自立」の第一歩

　「感謝」できるというのは「自立」の第一歩です。周りの人が自分にしてくれたことを客観的に把握するからこそ「感謝」できるのです。周りが自分にしてくれるのは「当たり前」と思っていたら感謝の言葉は出てきません。

　細田守監督作品映画『バケモノの子』[15]の中で，「バケモノ」の世界に迷い込んだ人間の子「九太」が，剣で刺されて瀕死の状態の師匠「熊徹」を置いて，熊徹を倒した相手と戦うために，人間の世界に行こうとするシーンで，熊徹と一緒に九太の成長を見守ってきた「多々良」と「百秋坊」が引き留めます。「熊徹を放っておくのか？」と怒ります。

　それまで「自分は自分で強くなったんだ，誰の力も借りていない」という

驕りをもっていた九太ですが，そこで「みんなのおかげで成長できた」と感謝の意を述べます。九太が成長した瞬間です。

そんな瞬間を生徒のために用意してあげましょう。

4 卒業後 「そこにいる」ということ

生徒は，たった3年間でも過ごした学校にとても愛着をもちます。これは教師が同じ3年間勤務してもつ感覚とずいぶん違うように思えます。生徒のほうが思い入れが強いと感じます。卒業した年のゴールデンウイークや，夏休みに学校を訪れます。特にこれといった用事がなくても，友だちと一緒に連絡なしに様子を見に来ます。以前学校に通っていたときと同じ気持ちできますから，連絡なんてしてきません。どんな様子を見に来るのかと言うと，「自分たちがいたときと同じかな？」と確認してアイデンティティーを確認しに来るのです。

ですから，担任も卒業生がいたときと同じようにそこにいることが大切です。もちろん人事異動ルールで転勤しなければならない場合はしょうがないですが，卒業生が訪れたら，以前担任だったときと同じように接してあげましょう。もし新たなクラスの担任をしていて，今のクラスの生徒のことで頭がいっぱいだったとしても，あたかも今担任をしている生徒に接するがごとく応対します。

生徒は高校を卒業し，高校の外に自分の居場所をつくり出していますが，3年間過ごして自分を形づくった高校が「ここにある」ことを確かなものにすることによって，学校外の世界に踏み込んでいけるのです。過去の自分を確認し，未来の自分を歩んでいくという，「自立」の通過儀礼みたいなものです。それなら，担任も以前のように「ここにいる」ことが必要です。これも担任の仕事だと思っています。

第5章 私の仕事術

細かいところに目が届く私のこだわり仕事術

> 清掃や挨拶は，一昔前だったら，その作法を日常生活で身につけて，当たり前のようにしていたものです。しかし，これらは学校でしか教わらなくなってきました。担任業をやる上で，その意味と作法を身につけて次世代に伝えていきましょう。

　ここでは，学年ごと，学期ごとの枠に入れられない，各学年，各学期共通の仕事に対する考え方，意味，その仕事のコツなどを書いていきます。

1　清掃の仕方の指導

(1) 清掃班は月交替

　担任はほとんど自教室の清掃監督になります。清掃は入学式の次の日からさっそく始まります。クラスの係を決めるより先にクラスの生徒の仕事として，教室清掃を割り当てなければなりません。

　私は，清掃当番は名簿順で機械的に班をつくりました。そして交替は月交替にしました。1か月間同じところを清掃するとなると，長いように思われますが，実は理由があります。ほとんどの生徒たちは清掃がまともにできないのです。1週間交替にした場合，週の初め2日くらいで清掃の仕方を教え，ようやくできるようになったらもう1週間が終わって，あっという間に次の班に交替になります。これでは，何周も連続して清掃を教えて，慣れてうまくいく前に交替になってしまいます。班が6班も7班もあったら，6〜7週連続して1から清掃指導をしなければなりません。忙しい4月から5月がこれでは，たまったものではありません。そして清掃班が1周したときには，前に習得した清掃方法も忘れてまた教えなければならないということになってしまいます。

　ですから1か月交替にすることで，月の後半はもう何も言わなくても自分たちでてきぱきと清掃をすることができるようにします。

(2) 箒の構造

　箒の使い方が基本になります。箒には向きがあります。穂先が曲がっていない箒をよく見ると，箒を持ったとき短いほうが手前，長いほうが手先になります。その状態で掃くと床に穂先が水平に当たります。穂先が曲がっていると手前，手先がわからなくなり，穂先が跳ね上がり，ゴミが散らばってしまいます。効率よくゴミを集めるためには，第2章1節「1．教室づくり」で書いたように，箒の穂先が曲がらないようなしまい方ができるように工夫しなければなりません。

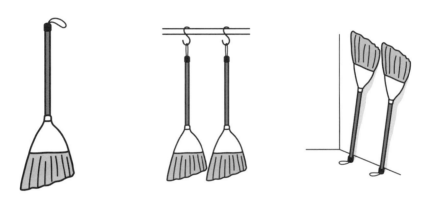

　よく，箒を勢いよく振り回して床を掃く生徒がいます。力を入れて掃いてがんばっているようですが，実は何のために箒を使っているのかわかっておらず，清掃を「やったふり」にしている生徒です。力を入れて掃けばゴミが舞って拡散するだけで，ゴミを集めているわけではありません。「ゴミを集めることが清掃をする目的だ」と指導します。

(3) 自在箒の使い方としまい方

　自在箒という，普通の箒よりも柄が長く穂が短い箒があります。広く平らなところを掃くのに適しています。この使い方も，間違えるとすぐに穂先を壊してしまいます。使い方を知らない生徒は，モップを使うときのように，両手で自在箒を持って押していきます。こうすると，すぐに毛と毛の間にゴミが入り込み，ゴミの温床になります。そうではなくて右利きの場合は，右手を柄の上，左手を柄の中頃で持ち，体を横にして掃きます。こうすると，いつも毛がしなって毛の間にゴミが入り込みません。自在箒の使い方を見るとすぐに，今までに清掃の指導を受けたことがあるかどうかわかります。

掃くとき　　　　　しまうとき

(4) 水拭きの仕方

　水拭きの仕方についてです。バケツに水を入れるのに，なみなみと汲んでくる生徒がいます。しかし，これでは雑巾を水につけるとあふれてしまいます。雑巾を絞るときには雫が飛びます。水は半分くらいで十分です。雑巾を固く絞りどういうところを拭けばいいのか指導します。もちろん埃があるところです。埃を見つけて拭きます。「やったふり」が身についている生徒は，広くて拭きやすい，埃のたまっていないところを雑巾でなでながら，とりあえず清掃の時間をやり過ごすことを目的とします。「埃は目につかないところ，隅のほうにたまっているんだよ」と教え，その埃を取ることを目標にさせます。

(5) みんなできれいにするという意識

　そして清掃の指導で一番重要なのは，「みんなで清掃区域をきれいにするんだ」という意識をもたせることです。その意識がない生徒は，箒の係になった人は，箒の仕事が終わったら清掃が終わりだと思ってしまいます。

> 　私：「どうして突っ立っているの？」
> 生徒：「終わりました」
> 　私：「何が終わったの？」
> 生徒：「箒が終わりました」
> 　私：「掃除はまだ終わっていないでしょ？教室がきれいになったら掃除が終わりだよ」

というやりとりを何度したかわかりません。掃くことが終わったら，机を移動するとか，ゴミ箱を持ってきてあげるとか，窓を閉めるとか，周りを見るとやるべきことはたくさんあります。「仕事は自分でやることを見つける」という習慣を身につけさせます。

(6) 清掃問題

次の「清掃問題」は，私がクラス通信に掲載したものです。問題の裏にどんな意図があるのか，考えてみて下さい。

【清掃問題】正しいものには〇，間違っているものには × を付けましょう。

① □ 清掃は◎◎高生としての義務であり，責任である。
② □ 清掃には大中小内外がある。
③ □ 放課になったらイスを机の上に伏せて置く。
④ □ 清掃場所にいればサボったことにならない。
⑤ □ 雑巾は手縫いよりもミシンのほうがよい。
⑥ □ 水拭きのためにバケツに水を入れるときは，バケツの80%ぐらい水を入れる。
⑦ □ 階段を掃くときは階段の脇の壁のほうに向かって掃いて，その後ゴミを下の段に落とす。
⑧ □ 階段を掃くときは段の上に立ち，下の段を掃く。
⑨ □ 自分のもち場が終わったらとっとと帰ってよい。
⑩ □ 吊り下げるひもがついていない箒は，柄を上にして，清掃用具ロッカーにしまう。
⑪ □ 清掃監督が来なかったら掃除をしないで帰ってもよい。

【答えと解説】

① 〇　清掃することで学校に愛着がもてるようになってほしいです。
② 〇　「大」…大清掃（月に１度学校全体で行うもの），「中」…普段の清掃，「小」…定期考査時など，あまり汚れない日にクラスみんなで周りのゴミだけ拾う，「外」…外清掃，「内」…校舎内の清掃です。
③ 〇　机を移動するのが楽ですし，机の移動時に掃いたゴミをイスの足にひっかけて拡散しないで済みます。
④ ×　箒で床をなでているだけでも，サボっていることになります。
⑤ ×　手縫いのほうが雑巾が緩く，汚れをつかまえやすいのですが，今，手縫いの雑巾なんて，絶滅状態ですね。
⑥ ×　先に書いた通り，80％でもこぼれてしまって多いと思います。50％ぐらいにしましょう。
⑦ 〇　逆にすると下にゴミが落ちていきます。
⑧ ×　上に立つと，階段の直下にせり立っている部分の隅にゴミが残ります。また，生徒が転げ落ちる危険もあります。
⑨ ×　すべての清掃が完了して清掃が完了です。
⑩ ×　柄を下にしないと箒の穂が曲がってしまいます。
⑪ ×　清掃監督がいなくても清掃が完了するように指導しましょう。

2 席替え

　席替えは頻繁にしました。頻繁と言っても，定期考査ごとですから，約1か月半に1回です。席替えをすることで，新たな人間関係をつくることができます。生徒に限らず，人間は物理的距離が近い人に親しみを感じます。近くいる時間が長くなるとさらに親しみを感じますが，逆に苦手意識も出てくる場合があります。

　教科の授業でグループワーク，ペアワークをする場合，もっとも手軽なグループのつくり方は，席の近い人同士が一緒になることです。教科の授業でグループワークを行い，とても親しくなったとき，席替えをするのを反対する生徒も出てきます。しかし，有無を言わせず席替えをします。なぜなら，とても親しくなったということは，他の生徒とは親しくなっていないということです。人間関係の固定化は集団を弱いものにします。もちろん，苦手意識をもった生徒と離れるチャンスも出てきます。

　また，前の席になると，授業担当の教師との距離も自然と近くなり，声をかけたりかけられることも多くなります。クラスの生徒を教科担当の教師に知ってもらう機会にもなります。

　席替えを1年間しない担任の教師のクラスを授業でもったことがありました。日を追うごとに人間関係が固定化され，グループワークもだんだん停滞してきました。そこで，私が担当していた国語の授業だけでも席替えをしました。席替えをした直後は，生徒は新鮮な相手と目新しい景色でニコニコして授業に参加していました。席替えだけでも，授業を活性化することができます。

3 挨拶

　皆さんの学校は挨拶，お辞儀の仕方の指導はされていますでしょうか？学校の校風で，徹底して挨拶，お辞儀の指導がされているところもあれば，全くノータッチのところもあります。第3章2節「4．中だるみ時期の対策」

で述べたように，挨拶というのは意味があります。しかし，意味があるとわかっても，形としてしっかりしていなければ，挨拶に込められた意味が相手に伝わりません。

ですから挨拶はしっかり指導します。級長が号令をかけます。「起立」そこで全員が立って，「気をつけ」をしているか確認します。その後，朝だったら「おはようございます」，授業開始だったら「お願いします」と号令をかけます。「おはようございます」と全員がそろって声を出して，心の中で「1，2，3，4」と数えます。「2，3」のところでお辞儀をし，「4」で直ります。級長の「着席」で初めて座る動作に入ります。

いい加減な挨拶をしている場合，「おはようございます」と言いながらお辞儀をし，お辞儀をしたまま座ってしまいます。これではお辞儀なのか座る動作なのか区別がつきません。

私はみんながお辞儀をした段階で，同じように声を出し，挨拶をします。しかし，クラスに1人でもお辞儀をしなかったり，お辞儀をしながら座ったりする生徒がいた場合は，「もう1回！」と声をかけて挨拶をし直させます。

何だか規律厳守の軍隊のようかもしれませんが，朝の会，授業の開始，終了は厳粛に行いたいのです。そして，挨拶というのは何年も続けてしないと絶対に身につきません。3年生の2学期，進路に関する面接練習をすると，挨拶が身についている生徒，身についていない生徒がよくわかります。身についていない生徒は，「面接では挨拶をきちんとしなければならない」ということはわかっているのですが，ちょっと他のことに気をとられるとお辞儀をしながら立ち去ったり，首だけをちょこんと前に出すお辞儀をしたりします。これはちょっとやそっとでは直りません。

社会に出たら「挨拶が大切」と指導するのであれば，学校にいるうちから挨拶の仕方を身につけないと，まともな挨拶はできなくなります。形から入るというのは重要なことです。挨拶という「ルーティーン」をすることによって集中できるようになるからです。

4 保護者との面談・連絡

(1) 電話連絡は事実の連絡のみ

　第2章1節「7．登校できない」でも書いたように，電話連絡というのは，意思疎通を阻害するものだと思って下さい。保護者との連絡も同じです。電話連絡は事実を伝える，予定を決めるなどだけにして，込み入った話は直接会って話しましょう。

　電話ですと手軽にコミュニケーションがとれるようで安易に使いがちですが，大切な話，相手の不都合になりそうな話には不向きです。表情を見て話せないので，さじ加減がわからず一方的な話になります。一方的な話になると相手の不満がたまってしまって，感情を害してしまう可能性が高くなり，話がこじれます。感情的にこじれた話は元に戻すのが大変です。

　会えば5分で済む話も，電話にしてしまったがため，何日間も互いにもどかしい思いをすることもあります。

(2) 生徒の問題行動，成績不振などを伝えるとき

　必ず学校側は複数で保護者に会いましょう。学年主任や管理職と一緒に保護者に会って話しましょう。生徒の進退に関わるもの，「このままでは進級が難しいかもしれない」といったような深刻な話は，「言った，言わない」ということが後々問題になるかもしれません。もし，「そこまで言ってはいけない」ということをしゃべってしまったときに，学年主任や管理職が訂正してくれます。また，どちらかが感情的に激高してしまった場合に，なだめてくれる役もしてくれます。学校側が複数いることで「これは重要な話なのだ」というアピールも，保護者や生徒に対してできます。

　どうしても，立会者がおらず，その日に深刻な面談をしなければならないというときは，相手に断って録音させてもらいます。「こちらが伝えることに関して，間違いがあってはいけないし，間違いがあった場合の記録，訂正

のために録音させて下さい」と言って承諾を得ます。しかし，録音されるというのはあまり気分のいいものではありません。同じ学年団の担任や，その生徒をよく知る教師（例：部活動の顧問）などの都合がつかない最後の手段として下さい。

(3) 面談で保護者が激高した場合

　３年生の進路決定時の三者面談では，不満を噴出させる保護者もいます。自分の子どもの成績が思うように上がらない，子どもだけ不当な扱いを受けているのではないか，担任の指導方針が気に入らないといったことで，文句を言ってくる場合があります。一番の原因は自分の子どもの成績が思うように伸びておらず，保護者が考えていた進路に進めなさそうだというものなのです。

　例えば，「もっと子どもにはっきりと強く指導して下さい。先生が曖昧な指導をとるから，勉強しないんです」と言われたときに，「それは，私の指導方針と違って……」と保護者の言い分を否定せずに，「なるほど，そういう指導の仕方もありますよね」と一度受け入れてみましょう。

　一度受け入れると，その後の話がスムースに進む場合があります。このように言ってくる保護者は自分の子どもばかり見ています。自分の子どもの現状で担任の指導方針のよし悪しを決定します。クラス経営としてどのような方針で進めているのかというのにあまり関心はありません。それは当たり前のことです。自分の子どもが悪くなったのに，クラスがよくなったなんていうことがあったとしたら，保護者として受け入れがたいはずです。

　だから，先ほどの保護者への返答の意味は，「なるほど，**（保護者の立場から見れば）**そういう考え方もありますよね」ということです。このように一旦受け入れると，保護者も自分の言い分を聞いてくれたということで落ち着き，担任も保護者の視点で子どもを見るきっかけになります。

第6章 学級集団づくりチェックポイント20
～チームに育てるための定期点検リスト～

> 学級集団づくりは、そのねらいも評価も曖昧です。だからこそ、「知らず知らず崩れていた」などということが起こります。学級集団がねらうところに向かって育っているかを「定期的」に「共通の指標」で「振り返り」をしましょう。学級集団づくりの成功のためには、定期点検は欠かせません。

1 学級集団づくりにも定期点検を

　生徒たちの学習に関する成果は、定期テストや各種学力調査によって定期的に確認されます。しかし、学力向上の基盤は学級集団づくりだと言われながら、その学級集団づくりについては、何がどれくらいできているかの明確なモノサシがなく、また、それに基づく定期的な確認もなされていません。

　学級が通常に機能していれば、学習面での遅れは、取り戻すことは可能です。学級が機能していたら、教師の投げかけや各種教育技術を起動させることが可能だからです。

　しかし、学級が機能していない場合は、一つ一つの教育活動の遂行が困難になりますから、カリキュラム運営上、かなり厳しい状況に置かれることになるでしょう。つまり、

> 学習の遅れは後で取り戻せる。しかし、学級集団づくりの遅れは取り戻すことが極めて困難である

と言わざるを得ません。

　これまでの学級集団づくりに対する主張に基づき、学級集団づくりが効果的になされているかを点検するチェックリストを作成しました。これを本書で示す5期に分けてチェックしてみて下さい。

2 学級集団づくりチェックリスト

★ゴールイメージ

☐ **1 学級集団づくりのゴールイメージがある**

　生徒たちと別れるときの学級のゴールイメージがありますか。生徒たちと自分はどんな関係で，生徒たちはどんなことができるようになっていて，学級はどんな雰囲気なのでしょうか。理想の学級の姿がありありとイメージできますか。また，それが言語化できますか。

☐ **2 本気でそのゴールイメージを実現したいと思っている**

　生徒たちの行動が変わるのは，「日常指導の積み重ね」によってです。「継続なくして成果なし」です。学級集団づくりは，「やり方」レベルの働きかけよりも，「あり方」レベルの働きかけが重要となってきます。生徒たちの望ましい行動に対する，教師の表情やちょっとした声かけなどを通じた継続的な働きかけが起こってくるためには，教師の本気が必要になってきます。心から湧き立つような願いがないと，そうした指導が生まれてこないのです。

☐ **3 ゴールイメージを生徒たちに何らかの方法で伝えている**

　成果を上げるリーダーは，ゴールイメージをメンバーと共有しています。日常的に，生徒たちにゴールイメージを伝え，そこに照らして望ましい行動をほめ，喜び，その逆の場合には，指摘したり，修正を指示したりします。そのためには，ゴールイメージを生徒たちにわかる言葉で，折に触れて伝え，共有することが大切です。

教師のあり方

☐ 4 生徒たちの前で，よく笑っている

　生徒たちは教師の感情のあり方に敏感です。生徒たちから見たら教師の表情は天気と同じです。「晴れていてほしい」のです。機嫌の悪い教師から生徒たちはだんだんと離れていきます。中学生，高校生の場合は，反発すら覚えるでしょう。一方，機嫌のよい教師とはつながろうとします。そばにいてほしいと思います。機嫌のよさを表現するには笑顔がもっとも効果的です。よく笑う教師の教室には，生徒たちの明るい笑顔があふれます。

☐ 5 普段から自己開示をして，人間らしさを見せ，自分のしてほしいこと，してほしくないことなどの価値観を伝えている

　普段から自分の価値観を伝えておくことは，自分の指導の正当性を高める上でとても大事な行為です。自分の価値観を伝えていくことなく，いきなり叱っても，また，ほめたりしても生徒たちの納得が得られず，それが理解されない事態が起こります。また価値観を伝えるためにも，まずは，教師の好きなことや嫌いなこと，失敗したことや家族のことなどの教師の人となりを積極的に伝えましょう。そうすることにより，生徒たちとの距離が縮まることでしょう。教師の自己開示は，生徒の自己開示を促します。

☐ 6 生徒たちのよさに注目し，よくほめる

　生徒たちは教師を見て判断しています。まず，「この人は，自分に関心を向けている人かどうか」です。そして，次に「この人は，自分をプラスと思っているか，マイナスと思っているか」です。生徒たちの価値観は，非常に明確です。自分のことをプラスと思っている人の言うことを受け入れ，マイナスと思っている人の言うことは，拒否するか無視します。

　生徒たちのよさに注目し，よくほめる教師は，自分の指導性を日々高めて

いることになるのです。

☐ 7　叱ったときは，その後でフォローしたり，別なことでその３倍以上ほめたり認めたりしている

　脳内では，ほめる：叱るの量的なバランスが３：１くらいで，主観的には，１：１になるそうです。叱られるほうが感情へのインパクトがあるからです。「１つ叱って１つほめる」では，生徒たちの中では，叱られた印象しか残らないのです。叱ったら叱りっぱなしにしないことが大事です。

　効果がない叱り方は，生徒との関係が悪くなるばかりです。関係が悪くなったら指導はできなくなります。生徒のことをきちんとほめて認める教師が叱ったときに，その効果が表れるのです。

☐ 8　生徒たちの体調や感情のケアをしている

　生徒たちに「あたたかく」接するとは，具体的にどういうことなのでしょう。まず身体面のケアです。風邪を引いた，おなかが痛いなど，本当にしんどいときに，それにしっかりと関心をもってあげることがあたたかさを示すことになります。次に，感情面への理解です。気持ちを理解するということはどういうことでしょうか。気持ちとは，喜怒哀楽などの感情です。不安なときは安心させてやり，喜びを感じているときは一緒に喜ぶなどのことが，生徒たちとの共感的関係をつくります。生徒は，共感してくれる教師を味方だと感じます。

☐ 9　保護者と良好な関係をつくろうとしていて，そのための具体的な手立てをとっている

　保護者の支持は，担任にとって大きな勢力資源です。授業参観，懇談会，学級通信など，あらゆる手段を使って保護者と良好な関係を築くようにします。多くの生徒たちにとって家族は大事です。生徒たちの大事にしているものを大事にする教師を，生徒たちも大事にすることでしょう。

教師と生徒の個人的信頼関係

☐ 10 生徒たちを知ることを楽しむ

　学級集団づくりには，生徒たちとの個人的信頼関係が必須です。ここを抜かして今の学級集団づくりはあり得ません。まず，生徒たち一人ひとりに関心を向けることです。生徒たちのことを知ることを楽しむことです。生徒たちといるときは笑顔で話しかけます。また，生徒たち一人ひとりの関心をもっていることに興味をもって，聞き出すようにすると，生徒たちは教師に関心を向けられていることを自覚します。

☐ 11 生徒たちの話をよく聞いている

　私たちはどんな人を信頼するでしょうか。すごくいい話をする人と，よく話を聞いてくれる人のどちらかと言ったら，後者です。教師は，グッドスピーカーである以前に，グッドリスナーであるべきです。生徒たちの話を聞いた分だけ，教師の話は受け入れられます。逆に生徒たちの話を聞かない教師は，生徒たちに話を聞いてもらえないくらいに思っていていいのです。

☐ 12 １日に１回は，一人残らずあたたかな声をかけている

　かっこよさや面白さは，二の次です。教師と生徒たちの関わりは長期戦です。長くふれ合っているためには，あたたかさが必要です。かっこよさや面白さは，インパクトはありますが，持続性はありません。あたたかさが長く生徒たちを引きつけます。親しみのある表情で生徒の名前を呼び，あたたかく挨拶し，あたたかなひと言をかけます。ほめるべきときはほめたほうがいいですが，無理にほめなくていいのです。「なんか，嬉しそうだね」「ちょっと元気ないね。何かあった？」などと，生徒に関心を示すようにします。

☐ 13 生徒たちの名前をランダムに思い出したときに，思い出せない子がいない

　生徒たちの学級生活において，一人ひとりの居場所が必要です。では，生徒たちは，どこに居場所を見出すかと言えば，仲間や教師との人間関係の中に見出そうとします。しかし，すべての生徒たちが仲間をもてるわけではありません。まずは，教師の中にその子の居場所がしっかりとあれば，その子は，次第に生徒同士の中に居場所を見つけ出そうと行動を始めることができるでしょう。自分の中に生徒一人ひとりの居場所があるかを確かめる方法は簡単です。ときどき，生徒たちの名前をランダムに想起します。スムーズに出てくればまずは合格です。

☐ 14 中間層とつながるための具体的な手立てをもっている

　上のチェック13で，思い出せない子や，いつも後のほうになる子がいた場合は要注意です。教室には，教師の指導が入りやすい「協力層」と呼ばれる子，また，指導が入りにくい「非協力層」と呼ばれる子，そして，その間にいる「中間層」と呼ばれる子がいます。忘れてはならないのは，この中間層がもっとも多いことです。

　「協力層」はほめられることで，また，「非協力層」は注意されたり叱られたりすることで，教師の注目を得ています。しかし，「中間層」は目立たないので教師との関係性が薄くなりがちです。そうした「中間層」とつながる手立てをもち，日常的に実践することが学級を安定させます。

　一人ひとりとつながる方法はいろいろありますが，代表的な方法論は，共通の話題をもつことです。「あの子とは，あのアーティスト」「あの子とは，あのゲーム」のようにです。共通の話題を見つけるには，やはり日常のコミュニケーションや個人ノートで普段からつながっていることが大事です。

生徒同士の関係性と主体性

☐ 15 生徒同士が互いに関わることや助け合うことの大切さや意味を伝えている

　教師と生徒たちの良好な関係性だけで安定している学級は，集団として非常に脆い構造にあります。教師との関係性が悪くなったら，一気に学級が壊れる可能性があります。教師の指導性を安定させるためにも生徒同士の良好な関係が必要なのです。

　しかし，生徒たちの中には，私的グループがあれば，他の生徒と関わる必要を感じていない生徒もいます。そうした生徒たちに，人とつながるよさや助け合うことの必要性を常々伝えていく必要があります。

☐ 16 生徒同士が知り合う機会が定常的に設定されている

　関わることや助け合うことのよさを伝えた上で，実際に関わる機会や助け合うような場を設けます。スローガンだけでは生徒たちはつながりません。実際の活動を通して，つながる喜びを体験させます。

　全員が良好な関係になることが理想ですが，発達段階を考えると難しい実態もあります。まずは，生徒同士ができるだけ多く個人的に「知り合い関係」になることです。そのためには，生徒同士が関わる機会をできるだけ毎日設定します。

☐ 17 生徒同士に対人関係のルール，マナーが共有されている

　生徒たちのつながりが広がるためには，ルールやマナーの共有が求められます。私的グループの中では，「阿吽の呼吸」で生活しています。しかし，大勢と関わるためには，共通の行動規範が必要です。特にコミュニケーションルールの共有は重要です。コミュニケーションのあり方が，その集団の人間関係のあり様を示すからです。皆さんの学級には，生徒たちの間に定着し

たルールがいくつありますか。

☐ 18 生徒同士のあたたかな感情の交流がある

　皆さんの学級はあたたかいですか。一番しんどい思いをしている（学習面，生徒指導面）と思われる生徒の立場から学級を眺めてみて下さい。その生徒が困っているときにどれくらいの生徒が助けてくれますか。また，その生徒が嬉しいときにどれくらいの生徒が喜んでくれますか。一人ひとりが２割以上の味方をもっているならば，一人ひとりにとってあたたかい学級と言えるでしょう。

☐ 19 生徒たちに学習活動や学級活動に進んで取り組もうとする意欲と行動する習慣がある

　一斉指導以外の場面でも生徒たちは意欲的に活動しますか。また，いちいち声をかけなくても，生徒たちは個人学習やグループ学習や清掃などの活動ができますか。学級が育ってくると，教師の細かな指示がなくても自分でたちで判断して行動するようになります。このような学級では，教師に注意されなくてもルールを守り，また，仲間同士で学び合ったり助け合ったりする姿が見られるようになります。

☐ 20 生徒たちが主体的に行動するシステムがあり，それが機能している

　よりよい生活のあり方を願って「イベントをしたい」，「クラスのルールをつくりたい」，「困っているから相談したい」などの声が生徒たちから上がるでしょうか。そうした声を吸い上げるシステムがあり，そのための話し合うような場が定常的に設定されているかどうかです。また，場を設定しているだけでなく，生徒たちがそこで，楽しいことを企画したり，学級生活に必要なルールをつくったり，問題を解決しているかどうかです。こうしたことができる学級を自治的集団と呼びます。

学級集団づくり20ポイントチェック表

できている項目に○を付けてみましょう。
どの学年のどの時期から始めても結構です。

[1年生]　新しい環境に安心させる

時期 カテゴリー	項目	1期 4-5月	2期 6-7月	3期 9-10月	4期 11-12月	5期 1-3月
【Ⅰ】 ゴールイメージ	1					
	2					
	3					
【Ⅱ】 教師のあり方	4					
	5					
	6					
	7					
	8					
	9					
【Ⅲ】 教師と生徒の 個人的信頼関 係	10					
	11					
	12					
	13					
	14					
【Ⅳ】 生徒同士の関 係と主体性	15					
	16					
	17					
	18					
	19					
	20					

[2年生] 中だるみをどう乗り切るか

カテゴリー / 時期	項目	1期 4-5月	2期 6-7月	3期 9-10月	4期 11-12月	5期 1-3月
【Ⅰ】 ゴールイメージ	1					
	2					
	3					
【Ⅱ】 教師のあり方	4					
	5					
	6					
	7					
	8					
	9					
【Ⅲ】 教師と生徒の 個人的信頼関係	10					
	11					
	12					
	13					
	14					
【Ⅳ】 生徒同士の関係と主体性	15					
	16					
	17					
	18					
	19					
	20					

［3年生］ 最終学年での総仕上げ

時期 カテゴリー	項目	1期 4-5月	2期 6-7月	3期 9-10月	4期 11-12月	5期 1-2月	GOAL 3月
【Ⅰ】 ゴールイメージ	1						
	2						
	3						
【Ⅱ】 教師のあり方	4						
	5						
	6						
	7						
	8						
	9						
【Ⅲ】 教師と生徒の個人的信頼関係	10						
	11						
	12						
	13						
	14						
【Ⅳ】 生徒同士の関係と主体性	15						
	16						
	17						
	18						
	19						
	20						

3 いつも自分のあり方を見つめながら学級を見る

　これらのチェック項目に照らして，学級集団づくりを定期的に診断することをお勧めします。学級集団づくりの問題は，長期戦ですから，はっきり言えば，

自己管理の問題

です。いかに安定したリーダーシップを発揮し続けるかということです。でも，そんなに堅苦しく考えないで下さい。ダイエットしている人は毎日体重測定をするでしょう。それなりの年齢になれば，毎年人間ドックに行くでしょう。そんな感じでいいと思います。各期の末日あたりにチェック日を設けるといいでしょう。こうした評価は「定点観測」するように，同じ時期にするのが望ましいです。第１回目の評価は，５月の末日ということになります。３月は，チェック項目による評価とともに，学級のゴールイメージが実現できたかどうかも確かめてみて下さい。

　最後にちょっとした注意事項を申し上げます。ゴールイメージを実現することに躍起になると，ますますゴールが遠ざかります。学級集団づくりは生徒たちとの協働作業です。生徒たちの心が離れてしまったら，ねらいを達成することはできません。カテゴリーⅠ「ゴールイメージ」を達成するために，カテゴリーⅡ「教師のあり方」～Ⅳ「生徒同士の関係性と主体性」があると考えて下さい。Ⅱ～Ⅳは，優先順位を示しています。生徒たちのパフォーマンスは当然ながら，Ⅳに見られます。Ⅳの不具合は，ⅡやⅢ，それもⅡであることが多いのです。

　「自分のあり方が，学級のあり方をつくる」ことを自覚するのが，学級集団づくりの成功の第一歩です。

赤坂　真二

☆あとがき

　2002年度から2年間，上越教育大学大学院に内地留学をしました[16]。そのときは約13年の教師経験で，授業や学級づくりに関して自分が行ったことを理論化，体系化できれば今後の教師生活に役立てると思ったのです。

　しかし，そのことよりももっと大きな収穫は，高校以外の校種の現職の教師，新潟県以外のたくさんの現職の教師，大学を卒業してすぐに大学院に進学したフレッシュな若者たちと一緒に学び，その「先輩」，「同輩」，「後輩」たちからたくさんのことを学んだことです。

　高校教師生活にどっぷりとひたっていた私としては「小・中学校の先生はこんなにも子どもたちのことを丁寧に見ているのか」，「高校生に近い若い子たちはこんなふうに学校を捉えていたのか」と目から鱗が落ちる日々でした。

　大学院を修了してからは，「さまざまなことから学ぼう」と心がけ，小学校で開催される研究会にも足を運ぶようにしました。

　一方，高校現場の教師文化は，なかなか他から学ぶという姿勢がつくられていないということが気にかかってきました。本編中にも書きましたが，高校現場では日常的な校内研修というものはありません。初任者研修や，〇年経験者研修以外では，授業を公開して研修するというシステムはほとんどの学校で行われていません。あったとしても，ほんの一部で行われていたり，形骸化していて，誰も授業を見に行かない状態だったりします。

　そこで，「自分の授業を他の先生に見せられない」，「参観を申し込まれると断る」，かと言って，「授業を見に行ったら，批判しか言わない」，「自分の授業をビデオや音声で記録して，それを後から自分でモニターするということもしたくない」なんていう高校教師はたくさんいます。そんな，「他の教師に見せたくない，自分でも後で振り返りたくない」授業を毎日毎日目の前の生徒たちは受けているのです。生徒の不幸は明らかです。一番気を遣わなければいけないのは授業を受けている生徒だということが，自分の授業を見

せられない教師にはわからないのです。

　是非とも他の教師の授業を見に行って下さい。そして，「代わりに」自分の授業を見てもらって下さい。見てもらうだけで必ず刺激になり，授業はよいものになります。他の教師に見せられない授業を，生徒にしていてはいけません。

　全国の「心ある」高校教師に「授業を見せて下さい」と言うと「いつでもどうぞ」と快諾してくれます。「いつもの普通の授業をするだけですが」とつけ加えます。そういうスタンスでいることが，周りから刺激をもらい，自分を磨き，よい授業になり，子どもたちの幸せにつながっているんだと思います。

　27年間勤めていた高校教師の職を辞し，2016年4月から縁あって上越教育大学教職大学院の教員になりました。ここでは，私が内地留学をしていたときと同じように，全国からの現職の教師，フレッシュな学卒院生が一緒に学んでいます。私はこれから，ここで刺激を受けながら，これから教師になろうとする学卒院生，教師の力を磨きに来た現職の院生に，この本に書いたことや書けなかったことを伝えていきたいと思います。

　最後に，高校担任業のまとめとしてこの本の執筆の機会をつくってくれた，上越教育大学教職大学院の赤坂真二先生と，明治図書出版の及川誠さん，快く「担任とは？」という取材に応じてくれたり，内容に関してご意見を頂きました新潟県立新潟中央高校の元同僚や，元私の生徒の皆さん，ありがとうございました。自分の今までの仕事を振り返るよい機会になりました。

　これを読んでくれたすべての人が，われわれの社会の将来を任せられる，たくさんの子どもを育ててくれますように。

2016年　秋
片桐　史裕

【参考文献】
(1) 柏木恵子，永久ひさ子「女性における子どもの価値：今，なぜ子を産むか」教育心理学研究47号，1999，pp.170-179
(2) 第12回教室『学び合い』フォーラム2016 in 宮城（2016.8.20〜21　宮城県東松島市）
(3) 内田樹：『街場の教育論』ミシマ社，2008
(4) 値は2013年のもの。「ユースフル労働統計2015―労働統計加工指標集―」，独立行政法人労働政策研究・研修機構
http://www.jil.go.jp/kokunai/statistics/kako/index.html
(5) 厚生労働省，「新規学卒者の離職状況に関する資料一覧」
http://www.mhlw.go.jp/topics/2010/01/tp0127-2/24.html
(6) 中室牧子『「学力」の経済学』ディスカヴァー・トゥエンティワン，2015
(7) 家本芳郎『家本芳郎のしなやか生徒指導　生徒を大切にした明日につながる実践を』学事出版，2004
(8) 加藤弘通，大久保智生「学校の荒れの収束過程と生徒指導の変化―二者関係から三者関係に基づく指導へ―」教育心理学研究57巻，pp.466-477，2009
(9) 2013年6月28日公布
(10) 東京学校臨床心理研究会運営委員作成「いじめへの対応のヒント」，2003
http://www.mext.go.jp/b_menu/shingi/chousa/shotou/040/shiryo/06120716/005.htm
(11) 西川純：『2020年　激変する大学受験！』学陽書房，2015
(12) 西川純：『親なら知っておきたい学歴の経済学』学陽書房，2016
(13) 東洋経済オンライン：http://toyokeizai.net/articles/-/101742
(14) 文部科学省
http://www.mext.go.jp/component/b_menu/other/__icsFiles/afieldfile/2016/08/04/1375035_1.pdf
(15) スタジオ地図，2015年7月11日公開
(16) 学校教育研究科　学校教育専攻　学習臨床コース　学習過程臨床分野

【編著者紹介】

赤坂　真二（あかさか　しんじ）
1965年新潟県生まれ。上越教育大学教職大学院教授。学校心理士。19年間の小学校勤務では，アドラー心理学的アプローチの学級経営に取り組み，子どものやる気と自信を高める学級づくりについて実証的な研究を進めてきた。2008年4月から現所属。研究力と実践力を合わせもつ教員を育てるため，教師教育にかかわりながら講演や執筆を行う。

【著者紹介】

片桐　史裕（かたぎり　ふみひろ）
1966年新潟市生まれ。上越教育大学教職大学院准教授。高校教師時代の2002年から2年間上越教育大学修士課程に内地留学し，全国の現職・学卒院生とともに学ぶ。そこで小学校，中学校の学級づくりの実践に触れ，高校現場に戻って取り入れる。朝の読書，群読，『学び合い』なども実践する。2016年4月から現所属。学びの過程でのつまずき解消の仕方を研究する。

学級を最高のチームにする！
365日の集団づくり　高校

2017年3月初版第1刷刊 2021年3月初版第4刷刊 ⓒ	編著者	赤　坂　真　二
	著　者	片　桐　史　裕
	発行者	藤　原　光　政
	発行所	明治図書出版株式会社

http://www.meijitosho.co.jp
（企画）及川　誠（校正）姉川直保子
〒114-0023　東京都北区滝野川7-46-1
振替00160-5-151318　電話03(5907)6704
ご注文窓口　電話03(5907)6668

＊検印省略　　組版所　長野印刷商工株式会社

本書の無断コピーは，著作権・出版権にふれます。ご注意ください。

Printed in Japan　　ISBN978-4-18-274028-2
もれなくクーポンがもらえる！読者アンケートはこちらから　→

THE教師力ハンドブック

汎用的能力をつける アクティブ・ラーニング入門
会話形式でわかる社会的能力の育て方

西川 純 著

「えせアクティブ・ラーニング」にならないための秘訣

AL入門，第3弾。「なんちゃってアクティブ・ラーニング」ではない，子ども達に社会で生き抜くジェネリックスキル・汎用的な力をつける授業づくりとは？学校でつける一生役に立つ社会的能力が子どもの未来を切り拓く！アクティブな授業づくりの極意を会話形式で伝授。

四六判　144頁
本体 1,760円＋税
図書番号 2612

アクティブ・ラーニングをどう充実させるか

資質・能力を育てる パフォーマンス評価

西岡加名恵 編著

本質的な問いから探究を生む「パフォーマンス評価」実践集

「アクティブ・ラーニングにおいて評価はどうすれば？」そんな疑問に応える「パフォーマンス評価」実践集。アクティブな活動を充実させる「パフォーマンス課題」を活用した各教科の授業＆評価モデルを収録。ポートフォリオやルーブリックを活用した探究も徹底サポート。

A5判　144頁
本体 1,800円＋税
図書番号 2589

「教師を辞めようかな」と思ったら読む本

新井 肇 著

事例＆教師自身の語りでまとめた現場教師への応援歌！

学校現場から，教師の疲弊する声が多く聞かれます。多くの教師たちが，「辞めたい」と思うまでに追いつめられるのはなぜなのか。また，そのような危機をどのようにすれば乗り越えられるのか。具体的な事例＆教師自身の語りで，現場の先生へのエールとしてまとめました。

四六判　144頁
本体 1,600円＋税
図書番号 1808

学級を最高のチームにする極意

アクティブ・ラーニングで学び合う授業づくり

小学校編　中学校編

赤坂真二 編著

各教科におけるアクティブ・ラーニング成功の秘訣！

アクティブ・ラーニングは「主体的で協働的な学習者の育成」が核です。それには教科の特性を踏まえた，主体的に追究できる課題づくり＆授業の展開が必要です。本書では協働を実現した成功実践モデルを各教科にわたって豊富に紹介しながら，成功の極意をまとめました。

小学校編
A5判　152頁　本体 1,700円＋税
図書番号 2556

中学校編
A5判　144頁　本体 1,660円＋税
図書番号 2557

明治図書　携帯・スマートフォンからは **明治図書ONLINEへ**　書籍の検索，注文ができます。▶▶▶

http://www.meijitosho.co.jp　＊併記4桁の図書番号（英数字）でHP，携帯での検索・注文が簡単に行えます。

〒114-0023　東京都北区滝野川7-46-1　ご注文窓口　TEL 03-5907-6668　FAX 050-3156-2790

スペシャリスト直伝！小学校クラスづくりの核になる 学級通信の極意　実物資料編

西村 健吾 著

140枚以上の実物で365日の学級通信づくりがわかる！

１年間クラスづくりの核になる学級通信を，４月〜３月の月ごとに解説を加えて実物収録。学級づくりの内容だけでなく，授業づくりや季節毎の行事に関わるものも加え，色々な場面で活用できる学級通信を140枚以上収録しました。365日の学級通信づくりに必携の１冊です！

Ｂ５判　168頁
本体価格 2,000円＋税
図書番号 2092

国語科授業づくり 10の原理・100の言語技術
義務教育で培う国語学力

堀 裕嗣 著

国語授業づくりで使える原理と言語技術を領域別に解説

「言語技術」と「言語感覚」を分けて考えることで，国語科授業づくりは革命的に変わる！国語科の授業づくりで使える10の原理と100の言語技術を体系的にまとめました。「話すこと」「聞くこと」「書くこと」「読むこと」の領域別に解説した授業づくり必携の書です。

Ａ５判　184頁
本体価格 2,400円＋税
図書番号 2091

学級を最高のチームにする！ 365日の集団づくり 1年から6年

赤坂真二　編著

【図書番号・2501〜2506】
Ａ５判　144〜160頁
本体価格 1,600円〜1,700円＋税

学級づくりの必読書

★発達段階に応じた学級づくりの秘訣を，具体的な活動で紹介。
★「学級づくりチェックリスト」で学級の状態をチェック！
★学級づくりで陥りがちな落とし穴と克服の方法も網羅。

365日で学級を最高のチームにする！目指す学級を実現する月ごとの学級づくりの極意。スタートを３月とし，まず学級づくりのゴールイメージを示して，それを実現するための２か月ごとに分けた５期の取り組みをまとめました。１年間の学級経営をサポートする，必携の１冊です。

明治図書　携帯・スマートフォンからは　明治図書ONLINE へ　書籍の検索，注文ができます。▶▶▶
http://www.meijitosho.co.jp　※併記４桁の図書番号（英数字）でHP，携帯での検索・注文が簡単に行えます。
〒114-0023　東京都北区滝野川7-46-1　ご注文窓口　TEL 03-5907-6668　FAX 050-3156-2790

＊価格は全て本体価表示です。

無藤 隆が徹底解説 学習指導要領改訂のキーワード

学習指導要領改訂のキーワードを中教審のキーマンが徹底解説！

中央教育審議会教育課程部会長 **無藤 隆**が徹底解説

学習指導要領改訂のキーワード

解説 無藤 隆　制作 馬居 政幸・角替 弘規

社会に開かれた教育課程
カリキュラム・マネジメント
「資質・能力」と「見方・考え方」
主体的・対話的で深い学び（アクティブ・ラーニング）etc…

明治図書

目次より
- 第1章　学校教育の存在理由を問う　―学習指導要領改訂の背景―
- 第2章　「社会に開かれた教育課程」　―未来軸・社会軸・主体軸―
- 第3章　今と未来の社会に開く「学びの地図」を
- 第4章　カリキュラム・マネジメントとは
- 第5章　資質・能力の三つの柱と教科の「見方・考え方」
- 第6章　三つの学び
- 第7章　実践化のための授業の改善と研修のあり方
- 第8章　評価の改訂の方向
- 第9章　幼児教育の振興とスタート・カリキュラム
- 第10章　実践化への課題は教師のアクティブ化に

学習指導要領改訂のキーワードを、改訂のキーマンである中央教育審議会教育課程部会長の無藤隆先生が対話形式でわかりやすく解説。「社会に開かれた教育課程」「カリキュラム・マネジメント」「資質・能力」「見方・考え方」「主体的・対話的で深い学び」などを網羅。

無藤　隆 解説
馬居　政幸・角替　弘規 制作
A5判・152頁・1,900円＋税　【2710】

国立教育政策研究所・初等中等教育部長が語る！「深い学び」を実現する鍵

アクティブ・ラーニング 授業改革のマスターキー

大杉昭英 著　A5判・136頁・1,800円＋税　【1241】

「主体的・対話的で深い学び」を実現する鍵とは？「見方・考え方」を働かせた各教科におけるアクティブ・ラーニングから、資質・能力と学習評価の考え方、諸外国のアクティブ・ラーニングまで。国立教育政策研究所・初等中等教育研究部長の大杉先生によるポイント解説。

目次より
アクティブ・ラーニングが登場してきた背景／アクティブ・ラーニングという「学び」が必要となる理由／アクティブ・ラーニングの充実―「見方・考え方」を働かせる―／アクティブ・ラーニングを実現する教師の授業づくりと学習環境／各教科等におけるアクティブ・ラーニングの姿／アクティブ・ラーニングと学習評価／諸外国のアクティブ・ラーニング

アクティブ・ラーニング 授業改革のマスターキー

大杉 昭英 著

初等中等教育の専門家が語る！
「深い学び」を実現する　授業改革の鍵はこれだ

▶「見方・考え方」を働かせた各教科におけるアクティブ・ラーニング
▶資質・能力目標と学習評価の考え方

明治図書

明治図書　携帯・スマートフォンからは　明治図書ONLINEへ　書籍の検索、注文ができます。▶▶▶
http://www.meijitosho.co.jp　＊併記4桁の図書番号（英数字）でHP、携帯での検索・注文が簡単に行えます。
〒114-0023　東京都北区滝野川7-46-1　ご注文窓口　TEL（03）5907-6668　FAX（050）3156-2790